最後は住みたい町に暮らす

80代両親の家じまいと人生整理

Igata Keiko
井形慶子

集英社

最後は住みたい町に暮らす

80代両親の
家じまいと人生整理

はじめに

60代となった自分にとってこれから両親とどんなふうに付き合っていくのか、いつも心にひっかかっていた。18歳で郷里を出て東京に住み、四捨五入すると50年近くが過ぎた。そしてこれは親と離れて暮らした年月でもある。

この間は人生の開拓に無我夢中だった。

20代で出版社を立ち上げ、英国の生活を伝える雑誌を創刊。寝る間を惜しんで書いた英国や暮らしにまつわる本は100冊を超え、好きが高じて英国の職人たちと作った服や雑貨を販売する小さな洋品店まで開いた。50代ではロンドンに家を持ち、取材や打ち合わせで英国にも頻繁に出かけた。とにかくずっと、馬車馬のごとく働き、多忙でない時はなかった。

それもあってか、50代半ばで仕事を整理し、大好きな町で洋品店を始めたことを書いた『年34日だけの洋品店　大好きな町で私らしく働く』には思わぬ反響が届いた。本を読んで背中を押され、思い切って店や教室を始めたという声も多く、正直、ちょっと驚いた。

思い立ったら即行動するのは私だけじゃないんだ。人というのは、自分のやりたいことを叶えるためなら、いつでも、どこからでも人生を仕切りなおせる。そんなパワーを秘めているのだと改めて気付かされた。

その一方で、ポツンと郷里で暮らす両親の存在は、ますます気にかかるようになっていた。関わりたいけど、元気だし、何をどう手出ししていいのかも分からない。そんな逡巡を50代から引きずってきた。

私のような、介護未満だけど高齢の親のことが引っかかっている人はごまんといるだろう。経済産業省の公表によると2030年には318万人になるという、働きながら親を看るビジネスケアラーのニュースも心をざわつかせた。


そして、やっぱり、元気だった80代両親の身にも変化が起きた。あれやこれやが押し寄せた末、両親は長年暮らした家を売り、町に建つマンションで第三の人生を始める決断を下したのだ。

父87歳、母85歳と、世間的には施設に行くのが相応と思われる年齢だ。だが、自分のペースにこだわる母は、サ高住（サービス付き高齢者向け住宅）などの高齢者施設は考えられない、お父さんと二人、町のマンションで暮らしたいと熱望した。

高齢者の家を訪ねるとほとんどの人は「死ぬまでこの家に住み続けたい」と話される。（施設入所や身内宅の同居を除けば）90代を前に一般的な住み替えはあまり聞かない。

この決断によって始まったマンション購入、資金作り、家財整理、遺言書作り、実家の売却が次々と私の肩にのしかかり、どこかで恐れていた親（実家）と向き合う日々が幕を開けた。

両親の秘めたパワーも炸裂《さくれつ》した。90代手前で住みたかった町へ引っ越すのだ。自分たちの気力と体力をひたすら信じて前に進もうとしている。そんな両親を鼓舞しながら手間を省き、スピーディーをモットーに行なった「家じまい」から「引っ越し」。それは、私にとってもこれまで経験したことのない新世界だった。

親に慣れない葛藤もあり、東京と九州という遠隔の絆は時に断ち切れそうになった。それでも人の助けや介護制度を使って突破した約2年に及ぶ出来事は、老いてもなお、自分らしく暮らすとはどういうことなのか教えられた。

「人生を輝いて生きるのに年齢は関係ない」との言葉は、イギリスで何度も聞き、私の中にも刷り込まれていた。The way of how to live――そう、大切なことはどう生きるかという選択を、最後まで人にゆだねず、自分で決めていくことかもしれない。

そんな経験を綴ったこの本が、手に取って頂いた方の何らかの参考になればとても嬉しい。

目次

3　80代半ばでマンションを買う

4　待ったなしの遺言書作り

5 親の思いと子の現実

6 「住みたい家」と「売れる家」

12　2LDKの新しい家

1 親の老いに気付くとき

80歳のイギリス旅行

50代に入ったあたりから、同世代の友人知人に会うと必ず親の話になった。介護などまだまだ自分には関係ないと思っていたが、あの人も、この人も自慢げに、まるで水を得た魚のように親がどうした、こうしたと喋っている。それはママ友たちが、子育てについて盛り上がる様子にそっくりだ。

そのたびに、介護とは、親の面倒を見るとは、特別な経験なのかと思い巡らせた。よく知る人は、仕事を調整しつつ、姉妹代わりばんこに飛行機に乗って沖縄に帰り、老朽化した実家をリフォームしたり、母親の介護にあたっていた。そんな二足のわらじは自分には難しい。私が親と関わるとなれば、雑誌の編集をしたり、店を開いたり、

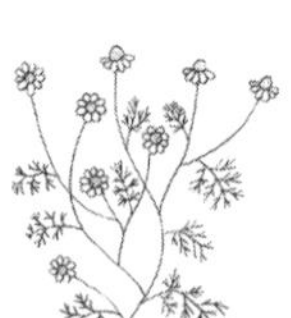

イギリスに取材に出かける生活に相当制限がかかるのだろうか。

介護の担い手となった40代、50代の働き盛りがテレビに出ては、「睡眠時間がほとんどない」と窮状を訴えている。介護をしている人には軽蔑されそうだが、そんな姿を見るにつけ、自分にできるのか尻込みするばかりだった。


思えば18歳で上京してからというもの、疎遠になりがちだった親と子の関係をつないできたのは親自身だった。コロナ禍になるまで彼らは、わざわざ作ったおでんや煮物をかばんに詰めて日本各地に暮らす子どもや孫に会おうとした。汁がこぼれるからいいよと言っても、食べきれないほどおでんを作っては我が家にも持って来た。

幸いにも両親は、大病とは無縁。朝晩「イッチニッ」と二人揃ってストレッチ体操とラジオ体操を欠かさない。継続は力なりを信じる母は「おかげで二人とも長い坂道も階段も平気で歩くのよ。筋力もついてるから漏れの心配も全くなしよ」と笑った。

父が糖尿家系だからと健康を維持させて、他の兄弟より長生きさせることに闘志を燃やす母は、長年、規則正しい生活と糖脂控えめな食事を死守させていた。日本人の健康寿命は男性72・68歳、女性75・38歳（2023年度版「高齢社会白書」）といわれるが、すでに二人共、その平均値を上回っていた。

そんな両親の変化に気付いたのは、父の80歳の祝いにと、奮発して海外旅行に連れて行った時だった。

これまで私の講演会があると、応援団のように飛行機や電車で駆けつけてくれた両親。せっかく会えたのに講演後は私も東京に残してきた仕事に引っ張られ、とんぼ返りだった。

この頃からそれが不義理に思えて、これまでの恩返しを兼ねて、80歳の父の誕生日祝いに、イギリスと父の所望するイタリア旅行を計画した。

ところが、出発前から「ゆっくり、ボチボチしか動けないから、スケジュールは詰め込まないで」と母に言われ、何度もスケジュールを作り直した。朝の身支度に2時間もかかると言う。様子を見ていると、探しもので15分、薬を飲み忘れたと10分……。以前とは勝手が違う。母は知らぬ間に高齢者の階段を駆け上がったのかと思った。

一方の父は長年、ゴルフコンペ一筋という人生を歩んできた。優勝は当たり前、80代でシングルを維持するつわものだ。それならと、世界の名プレイヤーが競うゴルフの聖地、スコットランド、セント・アンドリュースのオールドコース見学を組み込んだ。

ゴルフ発祥の地を前に、こちらも気分は高まる。ところがテレビで何度も見たチャンピオンコースを見ても父は思ったほど関心を示さない。気がつけばプロゴルファー泣かせの、ボールを入れたらなかなか叩き出せないという大きな穴、トミーズバンカーに降りて一周歩いたら帰りたいと言う。

それればかりか町の土産物屋で見つけた「犬のぬいぐるみ」を可愛いと大はしゃぎ。店を立ち去ろうとせず、いつまでもなでている。

知らないうちに親が違う人になったようで愕然とした。こんなに長い間、自分は両親を放置していたのかと悲しくもなった。

それでも「最後の海外旅行だね」と挑んだ旅は格別に楽しかった。小雨が降る中、ヨークシャー・ハワース近く、『嵐が丘』の舞台となったムーアの頂に見えるトップウィゼンズまで歩いたことも忘れられない。

ヒース咲き誇るピンク色の原野を歌を口ずさみ、冗談を言い合いながら草を踏みしめ歩く親は、英国人ウォーカーに負けない活力がみなぎっていた。いつまでもこのまま現役でいて欲しいと願いながら二人の後を息を切らし追いかけた。

この旅によって親への見方はすっかり変わってしまった。一言で言うなら、親を放っておけないという感情が湧き、後ずさりしていた私の思考パターンそのものが、両親へと捻じ曲げられてしまったのだ。

郊外の家と免許返納

それからというもの、海外旅行で気づいた親の老いが頭から離れず、以前にも増して里帰りするようになった。

両親が住む家は3階建ての二世帯住宅だ。妹家族と同居しようと、父が定年前に全精力を注ぎ込み、設計士と建てた自称「絶景御殿」は、私が家を出てしばらくして完成したので、実家というより「親の家」である。

父の自慢は強靭な基礎だ。地下2階ほどの深さまで掘った後、鉄筋を組み、コンクリートを流し固めた家は、頑丈で地震にも台風にもびくともしない。大型台風では友人、知人も避難してくる。そのたび「うちは安全、避難所に行くならうちにいらっしゃい」と父は誇らしげに自慢する。

1つのフロアは100㎡近くで、ちょっとしたリゾートホテルのように、どの部屋からも海が見渡せる。リビングの眼下に広がる海は小さな漁場だ。特産の柑橘、ゆうこうをエサに与える美味しいシマアジの養殖場もあり、港には漁船が停泊し、のどかな漁師町の面影を留めている。

父は食事の時も海に浮かぶ漁船を数え上げ「昨日より船が出ている。今日はよく釣れるだろう」と嬉しがる。母も海に向かって、この解放感がありがたいと伸びをする。

両親がここに越してきたのは、先に家を建てた母方の祖父が、とてもいいところだと誘ったからだ。

もともと父は東京の大手製薬会社に勤務する熱血営業マンだった。長崎在住の母と見合い結婚をして、20歳そこそこの母を東京に迎える。四国に住む親から練馬の小さな戸建てを贈られ、私が生まれた。

若い母は慣れない都会であたふた育児に当たり、父は妻子を残し、高度経済成長の波に乗って取引先開拓のため、全国の病院を飛び回った。

そのうち長崎で商いを拡大したい祖父、そしておじが会社を手伝って欲しいと父に打診。気を良くした父は、祖父を尊敬していたこともあり迷わず来崎を決める。

住宅においても同じだった。祖父が建てた家は当時としてはモダンな石造りの洋風住宅だった。しかも全室から海と島が望める。そんな祖父がこのあたりはいいぞと、近所に売り家を見つけ、さっそく両親にも紹介した。

母は出張中の父に代わってその物件を見学、眺めの良さとバラが咲き誇る庭に一目惚れして即、契約をかわした。それまで市内の中心部で間借りをしていた私や妹たちも、丘の上の住宅地に足を踏み入れるや、「お姫様になったみたい」とはしゃいだ。

町と違う郊外生活はこうして始まったのだった。

その後、祖父母の家の隣に空き地が出て、父はこの絶景御殿を建てた。自宅から車で5分の場所に、新たな社屋も移転してきた。父は平日も家でお昼を食べるようになり、12時きっちりに帰宅し、食後のお茶を飲むと、行ってくるよと会社に戻っていった。

建築後、しばらくして妹家族がやむなく県外に引っ越すことになり、その後、この広い家には両親だけが暮らし、隣に住む祖父母の見守りも始める。

祖父が引退してからは、隣家のよしみもあり、自分の車に乗せて会社やゴルフ場に連れ出した。

「あの人以上の経営者はいない。おじいちゃんの人柄と信用だけで会社をこんなに大きくしたのだから」と、父は実父以上に尊敬する義理の父親に、最後まで尽くした。

そんな祖父が逝き、その後一人残された祖母も夫婦で見送った。

それからというもの父は気の向くままにゴルフに、母は「憲法9条改悪反対」と街頭でマイクを握って訴えたり、東京のデモにも参加するなど、お互いやりたいことに没頭した。

運転手のようにどこにでも母を迎えに行く父。その流れでお馴染みの店に行き食事をする。母の会合が長引いて、どんなに遅くなっても律儀に車を出す父。熊本の阿蘇、時には父の故郷の四国まで夫婦交代で運転して悠々自適なシニアライフを謳歌《おうか》した。

そんなかけがえのない出来事が染み込んだこの家での平穏な暮らしは、このままずっと続いていくはずだった。


ところが、その頃から高齢者ドライバーの事故が急増し、社会問題として取りざたされた。周囲の助言から父は免許を返納、これによって暮らしは大きく変わった。

誰かに乗せてもらわなければゴルフ場にも行けない。マイカーで5分だった病院もスーパーも、遥か遠くの港のそばに集まっている。食材を買いに行くのも、もらい忘れた薬を再び受け取りに行くのも、長い階段と坂道を下らねばならない。帰路は買い物袋を抱えて坂の頂の家を目指す。炎天下でも、雨が降っても、バスも通っていない曲がりくねった坂道は、私でも辟易とするほどで、高齢の両親はこのままやっていけるのだろうかと案じた。

父の病院に付き添う時は、さすがに母も疲労困憊。二人して港の近くで1時間に1本のバスを待つ。自家用車で10分の距離が今では1時間となったのだ。

危険だらけの実家

問題はクルマのない不便さだけではなかった。

少し前までは外に出なくても、庭や書斎と、互いが好きな場所でやりたいことに没頭できた。ところがそんな家の広さが、今は悩みの種になっている。広くモダンな家の大変さは、掃除だけでない。高齢者は家の中で怪我をする、命を落とすという話も他人事ではないと思うようになった。

その頃帰省した私は、とんでもない場面にでくわした。母が階段のはるか上空に付いた高所窓を開けようと、踊り場に設置した作り付けの台につま先立ちして、フラフラと背伸びしているのだ。足を踏み外せば、階段から転げ落ちて大怪我をする。危ないからリフォームしようと説得したが「大丈夫」の一点張り。繰り返し説得して、ようようチェーンで開閉できる蛇腹式窓に変えることができた。

父の肝いり展望風呂も危険だった。海を眺めつつ温泉旅館のような御影石の浴槽に浸かれる贅沢風呂だが、堅牢な石材の床、直角の鋭利な浴槽ふちを見るたび、転んで頭をぶつけたらおしまいだと怖くなった。これにはすんなり二人が同意したため、一階の物置をつぶしてユニットバスを新設した。二階の寝室からは遠く離れた場所になったが、それでも安心な風呂ができた。

こうして目につく危険な場所はピンポイントで潰していったが、問題は次々と持ち上がり、まるでモグラ叩きのようだった。

決定的となったのは、ある時、頭から血を流した父が庭先に立っていたと聞いたことだった。階段で転んだのかどうかも分からずじまい。大事には至らなかったが、母以上に私のショックは大きく、ますます父から目が離せないと思った。

そんな事があって、どこに行くにも車だった父は、バスに乗ってまで出かけたくないのか、家でぼんやり過ごすようになった。もの忘れは日常化し、サイフがない、メガネがない、時計はどこだと騒ぐたび、母は広い家を上へ下へと走り回った。何を食べたか思い出せないのが老人ボケ。食べたこと自体消えるのが認知症といわれる。父はその間をさまよっているようだった。

キッチンは私の聖域と、ミートローフやケーキまで作っていた母が、父の免許返納の少しあとから料理がきついと漏らし始めた。炊飯すら面倒とパックご飯を買い込んでいる。

食納庫には、瓶詰めの自家製マーマレードや漬物が並び、家事もすべてオーガナイズされている。それがこれまでの常だったが、ある時扉を開けると、棚のすみに干からびた、怪しい保存食がそのまま放置されていた。

階下に下りると、部屋のあちこちにホコリが溜まっている。妹家族が使っていた上階フロアと駐車場は人に貸しているが、これまた母が集金から掃除業者の手配まですべてをやっていた。

この大きな家は負担が大きいのだ。

家のことで手出しされることを嫌がる母を配慮して、両親が寝た後、こっそり風呂場やトイレ、階段の掃除をするのも帰省の習慣になった。

内心ではアドバイスを聞き入れない母への苛立ちもあった。手を貸そうとするたび、反論され、また拒否されやしないか心がざわつくのだ。

その反動からか朝、夕と来客前に徹底してトイレを掃除するようになった。そのたび「掃除しているからやらなくてもいいわよ」と制する母が疎ましく、それを打ち消すかのように更に掃除をするというやり場のないストレスを抱えた。

住居ばかりではない。健脚な二人はウォーキングが大好きだが、父の足にぴたりとフィットするひも靴を、母が玄関で父の足元にしゃがみ込んで履かせる姿にもハラハラした。

「あと少しかかとを上げて」と、力いっぱい靴を引っ張り履かせている。無理に足を押し込もうとするが、父がフラつき母の上に倒れでもしたら、どちらかが骨折するだろう。

何度も危ないと伝えたあげく、友人が軽量のマジックテープ付きシニアシューズをプレゼントしてくれたことでことなきを得た。だが、そんなことでもなかったら靴を替えなかっただろう。二人の生活は情報も乏しく、危険予測が出来づらい。

そんなことを思い、キッチンでお惣菜を作りためたりした。だがそれは、付け焼き刃のような援助だと思った。

かけがえのない思い出が刻まれた唯一無二のパーフェクトな家だった。けれど、車がなくなり、歳を重ねれば、絶景御殿は高台の離れ孤島。第三者の目がないと安全に住めない不安の多い家になってしまった。

　そう思い始めたあの時、暮らしを切り替えるサインは、すでに出ていたのかもしれない。

親はこの先、誰をあてにして暮らすのか

ある夜のことだ。帰省した私は「老後はどうするつもり、一体誰にサポートしてほしいの」と、思い切って母親に尋ねた。

営業畑の父と正反対に、母は若草物語の世界観を自分に重ねるロマンチストだ。子どもたちが手を取り合って親を助けるという母の願いを察してはいたが、妹二人も離れて暮らし、仕事や家族のことで手が回らないようだ。皆で歩調を合わせて3等分ずつの介助は難しい。そして私の中には、親の生活を知るほどに自分なら親の窮状を何とかできると思うようになっていた。そうするには手に余る今の仕事量も整理しなければならない。

前より距離が縮まったとはいえ、この手の話題は気を遣う。母も何と答えていいか考えあぐねていた。

「私にやってほしい」と言ってきたのは1年ほどたってからだった。正直なところ、

やっぱり来たかと闘志が湧いた。父は介護認定の等級が上がり、週の半分、デイサービスに通いだした。

もし、母が風邪で寝込みでもしたら父の世話はできなくなる。そこで、父のショートステイ施設を探しておきたいと、見学の同行を頼まれた。両親の伴走、第一弾だ。ショートステイ（短期入所生活介護）とは、介助する家族が病気などで一時的に看れなくなった時、代わりに預かってくれる施設。要介護認定を受けていれば一泊から利用できる。やる気に満ちた私の横で母は「今のままでは寝込むこともできない」と焦っている。自分がいかに大変かということを、周囲に分かって欲しい思いもあったのだろう。

候補の施設は、父の担当をしていたケアマネージャー（介護支援専門員）さんに案内された。海沿いの集落をたどり進んだ老人介護施設は、入るなり消毒液のにおいがした。ショートステイと気軽に考えていたが、そこはまるで人里離れた古い病棟のようだった。

施設の人にここでの過ごし方について熱心に質問する母を見て、必死で自分は行かない、必要ないと父は抵抗する。あげく、「こんなところに放り込まれるくらいならお前の所に行く。東京に行ってもいいか」と怒りに震え、聞いてきた。東京に行く、は父のプチ印籠、私は「いいよ、一緒に住もう」と即答した。

私の会社設立など、ビジネスにおいて色んなアドバイスをくれた父。十分すぎるほど認めてもらっていたが、それでも「お前しかいない」の言葉は媚薬であったし、その頃は、性急にものごとを進めようとする母から父を守りたい気持ちもあった。

一方、母も切迫していた。昨年とはうって変わって「これから色々相談していきたい。知識が豊富で何でも分かってるし、あなた長女だし」ときた。戦前の家長制度じゃあるまいし「長女」だなんてと思ったが、母も必死なのだろう。手助けする心の整理はついていていたから、わかったと返事をした。

こうなるだろうと予想して長丁場の仕事は受けないなど、すでに仕事も調整ずみ。このあとなだれ込む家じまいに直面した時も、お陰で周囲に迷惑をかけることなく家族問題に没頭できた。

海外旅行をきっかけに親の変化に気付き、公私とも少しずつ準備しておかなければ、二人を支えることはできなかっただろうと、今でも思う。

2　最後に住みたい商店街の町

一人になったら

「どんなにお父さんの世話が大変でも、私にはすべきことがあるからバランスが取れてるの。頭と身体が動く限り、自分のやりたいことはあきらめない」と、かねがね言っていた母は、将来父に先立たれ、一人になったらどうするつもりだろうか。私にサポートしてほしいと言ってから、ぽつりぽつりと母の本音が見えてきた。

帰省して母と向き合っていたある晩のことだ。父が飲む翌朝の薬の仕分けをしていた母が突然、「お父さんがいなくなったら、この家に一人で住むのは淋しいから町に住みたい」と打ち明けてきた。以心伝心か。母の口から父亡き後の考えが飛び出した。

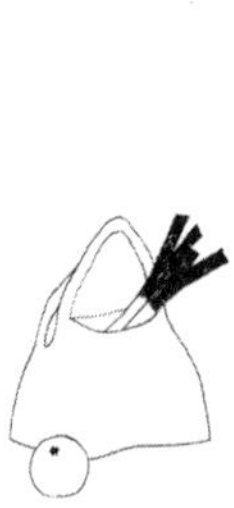

そういえば前にもそんな事を聞いたと思い出す。

「でも、高齢者じゃ部屋など貸してもらえないから、その時はお母さんに代わってあなたがどこかを借りて」

えっ、そんなことまで考えていたのか。

そりゃ、いいけどさと言いつつも、意外だった。父にべったりで一人暮らしなどしたこともない母が、父亡きあと一人で生きる選択をしていたことに――だ。

娘のいる東京に来ないんだ、と正直、肩すかしを食らった気分でもあった。

しかも、父を見送った後といえば、きっと母は90代。一人で長崎の賃貸住宅に住めると思っているのだろうか。その時は私だって70代、家を借りることなどほとんど不可能だ。そもそも、その年で賃貸物件を探し、住み慣れた家から引っ越すなど、どれだけ困難なことか。

何かと話題のシニア向け賃貸住宅へーベルハウスも今のところ長崎にはない。施設も住まいも高齢者に向けたものは都会と比べると地方の選択肢は断然少なく、格差を感じてしまう。

さらに町とはどのあたりのことか尋ねると、二人してしょっちゅう買い物に出かけている商店街界隈だという。

近くには友達も市民運動の仲間もいる。つっかけで買い物にも行ける。通ってる教会も、長く関わっている不登校の親を支援する事務所にも歩いて行ける。そういえば、平和を訴えるデモ行進のルートも、資金集めのバザーを開催する公園も、この商店街の近くだったと記憶する。このエリアは、母の第二の拠点なのだ。

父の免許返納の後、母は、リュックを背負った父と共にバスに乗り、時々、その商店街へ買い出しに出かけていた。銀行、病院で用を済ませ、リュックが一杯になったら、昔ながらの喫茶店で向かい合ってコーヒーを飲み、一個のケーキを半分ずつ食べる。

江戸時代に始まり、今も郷愁漂う市民の台所と親しまれている商店街には釣りたての鮮魚、作りたてのまんじゅう、惣菜まですべてある。客の中心は高齢者のようで、道端で夢中になって立ち話する人が、あっちにもこっちにもいる。

商店街には手頃な服を販売する小さな洋品店もいくつかあって、昭和の時代を思い出させた。

ある店では、奥様がそれは楽しそうに接客されていた。レジ台ではパンを販売していて、店の奥のテーブルコーナーでは、買ったパンとコーヒーで年配のお客さんがにぎやかにおしゃべりしている。パンをムシャムシャ食べながら、よもやま話を続けている様子に、洋品店なのに一体どういうことかと、ずっと気になっていた。

ある時思い切って奥様に尋ねると、この商店街は圧倒的に高齢者が多く、一人暮らしの人も立ち寄るため、定期的にパンを届けてもらい、憩いの場を作ったそうだ。吉祥寺、ロンドン、鎌倉、葉山でたくさんの店を見てきたけれど、こんな洋品店は見たことがない。人の往来を真摯に見つめた結果、寄り会い所が生まれたのだ。

母にこの店のことを伝えると「まあ、いいわねぇ」と嬉しそうに言った。なぜ母があのエリアにこだわるのか分かる気がした。


そういえば、吉祥寺でも商店街の切れたあたりの住宅地にガレージを潰した八百屋さんがある。10分歩けば高級スーパー紀伊國屋も東急百貨店もあるのに。

ご主人に伺ったところ、歩くことがしんどい高齢者のご近所さんたちから、野菜を持ってくるついでにトイレットペーパーを届けてと、買い物を頼まれるうちにこのようになったとか。

私も帰り道に「ちょっと長ネギを」と、何度か利用したことがあるが、齢を重ねるほど通販ではなく、血の通ったサービスがありがたくなる。こんな店がいくつもあると、心強く、その町から離れがたくなる。商店街にはそんな魅力が漂っている。

それを良しとするのは高齢者だけではない。上野のアメヤ横丁、吉祥寺サンロード、戸越銀座商店街など、東京でも都民の8割が商店街好きで、「商店街のあること」が引っ越し先を選ぶ判断基準になっているという（不動産・住宅情報サイトを運営する（株）LIFULLのアンケート結果）。

商店街のある町に住みたいという願望は、誰の中にもあるのどかで豊かな暮らしへの憧れだろうか。義理の付き合いを卒業して、店主たちとの気楽な触れ合いを楽しむ。齢を重ね一人になっても、しがらみのない、自由な交流が身近にあればどんなにいいだろうか。

初めてのモデルルーム見学

　さて、町としての人気も高い母が愛するこのエリアでは、中古マンションが売りに出たらすぐに消える、不動産的に見ても市内屈指の激戦区である。

　そこに規模の大きなマンションができるらしい。母から町のマンションに住みたいと聞いてからは、不動産好きの血が騒ぎ、どんな物件だろうかと、すぐに調べてみた。


　実はこれまでも、長崎ではどんな物件がいくらで売買されているのか、ベランダから由緒あるお寺が見渡せる中古マンションや、原爆で外壁が真っ黒になった家屋など、一人でこっそり調べては見学してきた。

　今回は母が住みたいと望むエリアのマンションだ。問い合わせるとモデルルーム見学も混み合っていたが、何とか予約が取れた。

　帰省して早速話してみると、すでに両親もこのマンションのことは知っていた。行きたくないと言われないよう、「私が興味あるからついて来て」と見学に誘い出す。

私自身、長崎の新築マンションのモデルルームは初めてだ。両親を盛り上げつつも、心が躍る。

はたして、モデルルームを訪ねてみれば高級感溢れるエントランス。年末とあってスタッフ増員で来訪者の対応をしている。この会社肝いりのプロジェクトなのだろう。私に続く母は、モデルルームのピカピカなシステムキッチンや、フル装備のバスルーム、洗面台と、今の家にない最新設備に目を輝かせている。いい傾向だ。連れてきてよかったとほくそ笑んだ。

高齢者目線で見学すると、最新マンションに搭載された設備やペアガラス窓、24時間換気システムなど、これからの両親の家にあったらいいのにと思うものばかりだ。だが、最後尾をノロノロ歩く父は、次第にしびれを切らし、「こんなものを見て誰が住むのか」と、ご機嫌斜めになってきた。

母がゆくゆくは町に住みたいと思っていることを父は知らない。何も分からないのにモデルルームに連れてこられているのだ。

不動産会社の営業さんに勧められてシアタールームで建設予定の商店街エリアにつ

いてのビデオも見せてもらった。郊外の暮らしでは縁遠かったが、秋季大祭、長崎くんちの演し物も、このマンションに住んだら階下の沿道に下りるだけで見られるのだ。

改めて商店街の映像も見た。商店街のあちこちで自家製の惣菜や弁当が買える。鮮魚店でさばいてくれる水揚げされたばかりの新鮮なお刺身も食卓にのぼるだろう。路面電車やバスはひっきりなしにやってくるから、自由自在に長崎中を動き回れる。もう車に乗せてと人に頼らなくても、いつでも二人で好きなところに行けるのだ。

この町に住んだことで得られる豊かさが次々と頭に浮かんだ。


母は初めて最新マンションというものに接して、エレベーターが混むことはないのか、管理人さんは何をするのか、どんな人が申し込んでいるのかなど、建物以外のことをあれこれ熱心に尋ねていた。

上階は首都圏並の価格づけだ。売れる自信が営業さんの言葉の端々にみなぎっている。すでに申し込みも入っているらしく、長崎にこんな高額な物件を買う人がいるのだと驚いた。


やがて、何人で住まわれる予定ですか？　今のご自宅はどうされるのですかなど、具体的な質問を向けられると、我慢していた父の堪忍袋の尾が切れて、「私は分かりません。お手洗いはどこでしょうか」と席を立とうとしたため、慌てて話を切り上げた。

帰宅後、興味津々に見えた母に、あのマンションをどう思ったか尋ねてみた。母はしばらく考えたあげく、「部屋の雰囲気はいいけれど、やっぱり引っ越すなんて想像できないかな」と言った。

あんなに熱心に見学していたのに、あっさり言うんだな。もっと自分の将来を考えて、じっくりパンフレットを見るとか、検討するとかないのだろうか。

ちょっと違う反応を期待していた私としては、がっくりきた。

「お父さんは我が家が一番いいですよ。おい、お茶はないのかね」

母との会話をさえぎるように父が言う。そこで話は打ち切られた。

だがよくよく後で聞いてみると、母はこの日の見学によって、自分が一人になったときに住もうと思っていた、マンションでの生活が初めて現実的に見えたと言った。

そして、「引っ越しは一人になるまで待つべきかな。もし今、お父さんと二人で町に暮らしたらどうなるんだろう」とまで言い出した。
人生の大きな変化は、何がきっかけになるのか分からないものだ。

マンション競売戦

母だけではない。東京に戻ってから私も、親にとってマンション暮らしは悪くないのでは、と本気で思うようになった。商店街エリアのそばに両親が住んだら、どんなに生活が楽になるだろうかと。

見学したマンションは5千万円前後と、長崎では高嶺の花だ。もっと安くて良い物件がないか。長崎の中古マンションを夜ごと検索して、商店街エリア近くに築浅の中古を見つけると、買うと決めたわけでもないのに勝手に気持ちが盛り上がった。

中古なら3LDKのファミリータイプでも3千万円台から。ただし、物件が出てもあっという間になくなってしまう。

コロナ禍で両親の閉塞感は募る一方だった。ワクチン接種が始まっても感染拡大は収まらず、子どもや孫らと気軽に会うこともできなくなった。どうしているのか気になっていたら、神経痛の父を小一時間歩かせて床屋に行ってきたと電話があった。なぜ歩かせたのだろう。どれほど言っても、もったいないとタクシーを使わない。その反動か、私がレンタカーと共に帰ってくると、床屋から病院まで父のお供をあれこれ頼まれる。

母が思いっきり解放されるのは、娘が帰省した時だけだ。それを引き受けることで、私も日頃手伝えない罪悪感を払拭してきた。

だが、この頃からそれはすべて付け焼き刃のように感じた。年に数回帰って、家の用事を手伝うより、両親は根本的なシフトチェンジをする時期ではないか——と。

そんな時、友人から連絡があり、例の商店街エリアでもう一つ別のマンションが販売を開始したと聞いた。ごく普通のマンションらしいが話題になっているという。

早速パソコンで確認した。商店街に近く、何と便利な場所かと販売元の建設会社に電話をすると、威勢の良い営業さんが出てきて、ほとんど申し込みが入っていて2部屋しか残っていない。買うならすぐに返事して欲しいと強気である。

すぐに送ってもらったパンフレットの価格帯を見ると、見学したマンションよりお手頃だ。ところが、残った住戸は主採光が西向きとある。生家で強烈な西日にさらされたトラウマから、かねてより母は、西向きの部屋だけは住めないと言っていた。

念のため母に連絡をしてみた。モデルルームの見学以来、母もチラシなど熱心に見ているようで、そのマンションのことはすでに知っていた。買い物途中に建設予定地も見たという。西日がきついわねと返してくるが、いつものように今の家に住むからいい、とは言わない。

考えが少し変わったのか。

翌朝になると、そのマンションのチラシがうちにも入ったと、母は興奮して間取りや価格帯まで伝えてきた。モデルルームを見学した直後とは明らかに様子が違う。

そうこうするうち、残りの2部屋も申込みが入り終了したと、またもや威勢よく営業さんから電話があった。

逃した魚は大きいと気付いたのはその後だった。首都圏はもとより、日本全国で不動産価格が高騰し、地方でもつられるようにマンションが値上がりしている頃だった。商店街エリアでも、中古マンションの価格がじわじわ上昇している。リーズナブルな新築マンションがこの先出ることはあるのだろうかと悲観的になった。

最後のあいさつ——天草旅行

列島は記録的な猛暑。東京オリンピック開催の影響か、新型コロナウイルスの感染も爆発的に拡大した。それでも、毎度のＰＣＲ検査を受け夏休みも長崎へ向かった。

その夏は父が現役だった頃、営業で何度も訪れたという天草へ旅行した。長崎の小さな漁村、茂木港から高速船で45分だ。近場といえど、こんな時期に高齢者を旅行させていいものか躊躇したが、帰省した時くらい連れ出さなくては母も気分転換できない。道中は高速船の船尾に座らせるなど感染させないよう気を配った。


そうまでして出かけたのは、父が現役の頃、お世話になったご一家を訪ねるためだった。出張で出向いた父を歓待して、いつもごはんを食べさせてくれた上、何日も泊めてくれた取引先のご家族。共に酒を酌み交わし、マージャンに興じたという方々に父を会わせたかったのだ。

営業回りをしていた時代のことは、今も父の誇りであり、その時代の思い出が父を支えているように感じていた。

このご一家に大切にされたことは、父の幸せな現役時代の象徴でもある。

レンタカーで目的地に向かい、うろうろしていると、それらしき商店があった。飛び込んでみると、偶然にも父がお世話になった社長さんのご子息が中におられた。

「一ヶ月後にこの営業所を閉めるところだった、すんでのところで間に合ったですねぇ。いやぁ、驚いた。お元気でしたか」と、息子さんは懐かしそうに父の手を握り、その手を嬉しそうに握り返す父がいた。

二人の穏やかな笑顔は深く心に刻まれた。母はまさかお目にかかれるなんてと何度も言った。

80代になればこれが最後と思える再会も多い。両親の時間はサラサラと落ちていく砂時計のようだ。父の人生の大切な場所である天草。そこに立つ父をひと目見ておきたいという私の願いは叶えられた。


その後、﨑津教会や資料館を回り、戦国時代以降に形成された、キリスト教布教の拠点となった﨑津集落の漁村風情に心奪われ、「トウヤ」と呼ばれる海に出るための路地を歩いた。

ものすごい照り返しに、机と椅子が無造作に置かれた小さな商店に飛び込み、練乳のかかったかき氷を注文した。

「こんなフワフワなかき氷を生まれて初めて食べた」と喜ぶ母。父にもラクトアイスを買ってやり、まさに昭和の夏休みとなった。茂った植物の向こうに天草灘がキラキラ波打ち、遠い記憶がよみがえる。

母は唱歌を歌い始めた。

元気なようでも親の絶対的な持ち時間は短い。どこでどう暮らすか決断し、変えるならさっさと変えないと、老いの勢いに追いつかれてしまう。

こうして両親と旅をしながらも、つい頭の中ではこれからのことを考え、何もかもが待ったなしなのだと焦ってしまう。

2021年7月　長崎

3　80代半ばでマンションを買う

運命のチラシ

天草旅行も終わり、親の家に戻り東京に帰る支度をしていると、いつものようにエプロン姿の父がお茶を飲んでいた。父の担当家事、食器洗いを終えてくつろいでいるのだ。

本当はどこにも行かず自分専用のソファに座って、この家から窓の向こうの海を眺めたり、テレビを見ていたいのだろう。それほど父は自分の建てたこの家を愛している。

「やっぱり我が家が一番落ち着くねぇ」と幸せそうに父が言った。すると母は、「そりゃそうだけど、時々よそに連れて行ってもらわないと、私はもたないのよ」と反論。

母のストレスは極限のようだ。

父はその意味が理解できないようで、大げさだなと笑った。その後、いつものようにメガネがないと、あちこち探し始め、母が重たい腰を上げた。

東京に戻ることに後ろ髪を引かれた。両親には身内に代わって手助けしてくれる人が必要だ。

母に手伝ってくれる人を探そう、タクシーを使おう、お掃除サービスを入れよう、多少お金を払っても楽をした方がいいと訴えるのだが、ことごとく却下された。高齢になったらサービステんこ盛りの素敵な高齢者住宅に住みたい私からすると、なぜ、もっと人に任せないのか歯がゆいばかりだ。それで母が幸せならいいのだが、疲労をため込み、体調を崩してもなお、自分で全てをやろうと死守する。

その根幹は何なのか。自分のペースを崩されたくない。人に介入されて自分の思うようにできないのなら、きつくても自分でやる、と決めているのだ。

もし母が町に引っ越したらどうなるだろう。弁当屋も惣菜屋もあるから、小銭を持って商店街に行けば、食事は何とでもなる。通いの病院も近いから、バスで往復1時間使って通院することもなくなる。

そう考えた時、もう一度商店街エリアを見たいと思った。東京に戻る飛行機が出るまで少し時間があると車を飛ばす。

見慣れた商店街はのんびりと買い物袋を下げた人たちが歩道を行き交っていた。

歩き進むと、商店街のほど近くでマンションの建設工事が始まっていた。工事のお知らせを見るとそれは、威勢のいい営業さんに完売ですと告げられたマンションだった。

何と、こんないい場所だったのか。キャンセル住戸は無いのだろうかと営業さんにその場から問い合わせた。だが、「皆さんから同様のお問い合わせをたくさん頂いてるんですが、完売なんです」と、念を押すように言われた。

これまでも何度かあった良縁とのすれ違い。再び得がたい物件購入はタイミングを違えないことだ。

営業さんは、そこのチラシをご覧になったらどうか、みたいなことを言って電話を切った。

見ると建築確認書が書かれたボードの横にボックスがあり、チラシが入っていた。さっき営業さんが見ろと言っていたのはこれか。広げてみると、現地案内図が載っている。なんとここから近いようだ。

慌てて向かってみれば、地図の示す空き地にはすでにロープが張られていた。近くには高い建物もなく、建設地からの視界は開け、正面には弓を描くようになだらかな山が重なり合っている。これまで見た中で最高の立地ではないか。間違いなくここに、マンションが建つのだ。

震える手で何枚か現場の写真を撮り、やむなく空港に向かった。機内でもまだ、物件は残っているのだろうかと、その事ばかり考えていた。

夕方、東京に戻るやさっそくマンション販売の窓口に電話を入れたところ、募集は始まったばかりだという。金額は第一弾より少し割高だが、許容範囲だ。

丁寧な口調の青年営業さんが、購入可能な部屋をいくつか教えてくれた。私のように商店街マンション第一弾を買えなかった人が、どんどん申し込みを入れているらしい。聞けば眺めの良い南向きの角部屋に空きが残っているという。

申し込む場合はまず申込金の10万円を支払ってくださいとのこと。当然ながら一晩だけ待って欲しいと頼んだ。

くどいようだが、親は買うとも引っ越すとも言っていない。けれど今回はなぜか、流れが変わるような気がした。建設予定地を見たとき、この界隈を父と共に楽しそうに歩く母の姿が頭をよぎったのだ。

まずは母と話さなくてはと、頭を整理した。

引っ越す決意

長崎を飛び立ってまだ数時間、私からの電話がマンションの話と分かるや、母は少々身構えた。「それが、いい場所なんだよ」と、建設予定地を告げると、急に声が明るくなり、そこはよく知っていると前のめりになってきた。

母はその近くで何度か勉強会を開いたこともあるらしく「商店街にも近くて、静かでとてもいい場所なのよ」と、自慢気に教えようとする。ここだ、と思った私の直感は間違ってなかったようだ。

マンションの間取りと価格も伝えた。２ＬＤＫで価格は3千万円台とあって、前に見たマンションに比べると手が届く価格帯であること。それゆえ、足が早い物件ということは分かっている様子だった。

この際と、私はこれまで思ってきた事を一気に吐露した。あの大きな家を管理しながら二人だけで生活するより、元気なうちにお父さんと町へ引っ越して、先倒しでお母さんの夢を叶えてはどうか。

2021年7月　東京

一人になるのは90代。その時、これだと思う物件に出会えるかも分からない。ならば、少し早いけど今、自分の夢を叶えて病院も商店街もある町で新生活を始めれば、今より楽にお父さんと二人で生活ができる。そして将来、お父さんがいなくなっても住み慣れたマンションは残るし、物件探しも引っ越しもしなくていいんだよ。一人になる前の助走期間を二人で過ごすと考えてみては。

母は黙って聞いていた。

私はかろうじて残っていた、眺めが良い角住戸を数日だけという約束で営業さんにキープしてもらっていた。このエリアがいかに人気があって購入希望者が多いかも身にしみていたし、今度こそ、押さえておけばよかったと後悔したくなかったのだ。

これまでも問い合わせるたび、不動産業者は東京在住の私が、なぜ長崎に物件を買うのか、必ず尋ねてきた。そのたび、親と一緒にマンションを探している、契約ごとはすべて任されていると伝えた。

青年営業さんにも同様のことを説明し、この部屋を他の人に売らないでほしいと頼んだ。言葉だけでは本気度が伝わらないと、申込書の代わりに、便箋に必要事項と希望の部屋番号を書き、印鑑まで押してＦＡＸした。とはいえ、引く手あまたのエリアだ。待つのは2~3日が限度とクギをさされた。

「完成するのはいつなの?」

「1年後の秋だよ」

「ずっと先だわね……」

母の声も上ずっている。長年暮らした愛する絶景御殿から町に移るのだ。何もかもが刷新されるのだ。しかも、ある意味降って湧いたような話を、パンフレットもないところで、東京にいる娘からとうとう伝えられている。気が動転しないわけがない。そして返事の猶予は3日しかない。

翌日、母はさっそく父と共にマンションが建つ現場を確認に行き、私に代わって営業さんの待つモデルルームを訪ねた。現地はまさに、母がこのあたりに住んでみたいと夢見ていた一丁目一番地であった。

華美な印象はないものの、必要にして十分な設備が揃ったモデルルームも、今の自分たちには住みやすそうだと感じたらしい。

自分の中で結論が出たらお父さんにちゃんと話すと言っていた母からは、それ以降、メールや電話が昼に夜にと入るようになった。夏の暑さで今の生活に自信をなくしかけていた時期でもあり、目の前にぶら下がったマンションを買うか否かの問題に、最後は母自身が飲み込まれ、平静さを失っているようだった。

朝、携帯を見ると「お母さんはその日が来たと本気で考えています」と、妙に深刻なメールが届いていた。起きた途端、不安がふくらんで、どうにもならず書いたという。

環境を変えることについての不安、父の建てた家を手放すことへの申し訳なさで、どうしていいかわからないと。

その日は仕事から帰って夜の12時近くまで母の話を聞いた。とことん話して、もやもやをすべて吐き出した母に、何かを決めるときは、みんな不安になるものよ。お母さんだけじゃないから大丈夫だよ、と言った。

母は小さな声で「ありがとう」と言い電話を切った。

動揺する母を前に「引っ越しはあきらめて、やっぱり今の家に住み続けなよ」と言えば良かったか。高齢者ゆえ新しい環境になじめず、ストレスから病気になるリスクも漏れ聞こえた。世間の通説に流されているわけではなかったが、この歳で住み替えて本当に良いのだろうか、心は揺れた。だが、何度考えてもこれから二人が助け合って生活するにはあのマンションの方がいい。その思いは変わらなかった。そして、今の場所で頑張り続けるより「無理をやめる」決断をすることの方がどれだけ難しく、前向きなことか。

次の日、ずっと話を聞いてもらい、すっかり胸のつかえが取れたと母からメールが来た。自分のために自分のペースで住める家に移るふんぎりがついたのだ。決意をもって「あなたと町に引っ越したい。どうしても、住みたいマンションを見つけたの。私が買いますから」と父に話したところ、「この先長くない我々が、なぜ今マンションを買わなきゃならないのか」と言われたらしい。確かに正論、ごもっともである。

そう言われて母は「私が楽になるため、あなたとできるだけ長く一緒に生活するためよ」と返し、父はしばらく考え、これまで通り、お前に任せると承諾したという。父なりに母に添おうとする気持ちの現れだったのか。

父は町から郊外に引っ越した時も、絶景御殿を建てた時も、「不動産のことは最終的にうちのにすべて任せている」が口癖だった。母に全幅の信頼をよせている父は、その夜、「どこでもついていくよ」と言ったとか。妻が言い出し、夫が従う「婦唱夫随」に、夫婦の年輪を見た思いだった。

初めて電話をかけて以来、やりとりを続けた青年営業さんことMさんに、買うことにしましたと連絡すると、他はみんな申込みが入ってます。押さえといて良かったですねと喜んでくれた。

誇りだった絶景御殿を離れる父の気持ちを考えると、心が痛むが、漕ぎ出した船だ。これからやるべきことは山のようにある。今さらながらとんでもないことになったと、この急展開に身がすくみ、武者震いした。

苦肉の資金繰りと「おしどり贈与」

買うとなったら具体的に資金を詰めなければいけない。

ところがここでどんでん返しが起きた。実は今回の話が持ち上がるまで、なぜか親にはそこそこ現金があると信じて疑わなかった。特に母は商家の娘、勝手に金持ちお嬢のイメージを抱いていたのだ。

母からは、「自分の夢を叶えるのだから、お父さんに頼らず何とかしたい。100%自分の物件として買いたい」と、堂々たる決意を聞かされていたし。

主婦なのにやるじゃんと思っていたら、共有名義にするから、少し出してもらえないかと相談された。想定外だったたが、母が一人になった時の管理や、母亡きあとのマンションの片付けや売却なども考えれば、娘と所有する方が安心なのかもしれないと思った。

実はマンションを申し込む前に相談した税理士さんも「順番ではご主人が先に亡くなると考えるべきでしょうから、相続で余計な手間をかけるより、お母さんが一人で買うか、娘さんと共同購入した方がいいですよ」と、アドバイスを受けていた。ちょうど満期になった保険もあるしと、あれこれ聞かずに少しなら出せそうと引き受けた。

だが、母の持ち金を確認すると突然ハシゴを外された。まったく足らないのだ。わずかな現金も定額預金にしているから下ろせないという。通帳の預金をかき集めてもマンション価格の半分にも満たない。私が一部出すくらいでは買えないことが判明した。実家売却のお金が入ってくるとしても、ずっと先だ。あてにはできない。

既に母の気持ちは引っ越すことに前のめり。私もこのマンションを親に買わせるんだと走り出した列車状態だ。どうするか。

こうなったら自分名義で買いたい母は、父に借金するしかない。父の財源はいつだって最後の手段だ。父にいくら預金があるのか私は全く知らなかったが、家のお金まわりを全て管理している母は、「お父さんなら大丈夫」と即答。老いても尚、父は偉大な大黒柱だった。

数日後、「借金のことはお父さんに話をつけたから」と母から嬉しそうなメールが届く。

その軽快さが危うく、父に念押しの電話を入れる。

「あのさ、マンションを買うお金、お母さんに貸してくれるんだよね」と唐突に尋ねると、「お父さんが出さなくて誰が出すんだ」と父。かっこいいったらない。久々に男気ある言葉を聞かせてもらった。

これでひとまず資金は確保できた。だが他にもっといい方法がありそうな気がして、思いつく限りの士業の方々に電話した。

東京では私が属する会社や仕事つながりの税理士に。長崎では両親つながりの税理士、そして営業のMさんに紹介された税理士とその絡みの司法書士に。

方々にかけた理由は、この筋書きに落ち度がないか、将来税務上の問題が出ないか、複数の目を通して確認したかったのだ。

たとえば、働いていない母は、うん千万もの大金をどうやって父に返済するのか。金利は付けるべきか、それは何パーセントが妥当なのか。また、父が死んだらこの借金はどうなるのか。母はマンションに住み続けられるのかなど、考え始めたらあとからあとから疑問が湧いてくる。

出版社の代表を務めていた頃から、分からないことを放置するのは大嫌いで、直球で士業の先生方に教えを請うあの感覚が蘇ってきた。

青年営業さんことMさんに紹介してもらった司法書士の先生によると、
①返済は1年に1回程度払える額で良い。
②金利は住宅ローンより少し安めでもいいので、ちゃんと付けておくこと。
③将来、ご主人が亡くなったら、借金は相続財産にはなるが、妻は相続財産が6億円あったとしても3億円まで無税。数千万円の借金など問題に及ばず。よって所有者であるお母さんはマンションに住み続けられます。

ざっくりとした回答だが、とりあえず問題は無さそうだ。

ただし、そのためにも借用書を作って下さいよと念押しされた。たとえ夫婦といえども1千万円単位の大きなお金のやりとりは、しっかり書面で残さないと贈与とみなされ、後々課税されるなど面倒なことになりかねない。

先生曰く、金利を明記した借用書があれば貸借関係が明確になるとのこと。司法書士監修の借用書に父母双方に署名、捺印してもらった。

ノリノリの母からは、「お父さんの銀行からさっそくお金を移動したわよ」と、ハイテンションな連絡があった。昨日の今日でずいぶん早いなぁと思っていたら、窓口で引き出した大金を、ごっそりリュックに詰めこんで、二人で母の銀行へ運んだという。

いくら地方の町で知ってる人が多いとはいえ、母の沙汰に腰を抜かすほど驚き、「なぜ振り込まなかったの！」と金切り声を上げた。すると、「銀行の人に色々と聞かれたから面倒になって。でも大丈夫、お父さんと運んだから心配ないわよ」と馬耳東風だ。

慌ててマンション営業のMさんに電話。これまでの誠実なやりとりに加え「何かあれば言ってください」と、ささいなことでもすぐに対応してくれた。迷わず事情を話し、これからは親の銀行行きにぜひ付き添ってほしいとお願いした。温厚なMさんも話を聞いて「そんなことがあったんですか」と大変驚き、以来、出金や振込の時は、私に代わって銀行に同行してくれるようになった。

郊外の親の家まで車で迎えに行って銀行に付き添い、ボディーガードよろしくATM操作する母を柱の影から見守ってくれる。Mさんがいなければ、マンション購入は難しかったと事あるごとに思ったことだ。

その後、Mさんに紹介された地元の税理士さんから、母は借金でなく「おしどり贈与」で父から購入資金を贈与してもらった方が良いと提案された。

「おしどり贈与」とは、婚姻期間が20年以上の夫婦間で、一定の要件を満たす居住用不動産もしくは「居住用不動産の購入資金」を贈与した場合に適用されるもので税金はかからない。結婚60年越えの父が、夫婦で暮らす居住用のマンションを購入するため母に購入資金を贈与するのだからストライクゾーンである。

すでに借用書も取り交わした父からのン千万円の借金。これをマンションが完成し、入居する来年、おしどり贈与に充当しましょうとのこと。母は父から長く妻でいてくれてありがとうと、ン千万円を贈られるのだ。

「じゃあ、お母さんはお父さんに返さなくてもいいのね。これでマンションが買えるのね」と、電話口の母は同じことを何度も聞いてきた。

ともあれ、これで資金問題はきれいに整理できた。

それにしても、結婚の効力というか、社会通念上、承認された夫婦って、本当に無敵なのだなぁとつくづく思った。伴侶に先立たれ、シニア同士がお見合い結婚するのも、結婚のメリットに再びあずかりたいという思いもあるのかと、余計なことまで考えてしまった。

購入契約

9月、マンションの購入契約を結ぶため一ヶ月と開けず長崎に飛び、まだ見たこともないモデルルームを訪ねる。

初めてお会いする営業マンのMさんは、思った通り背が高く端正な顔立ちの好青年。「お電話いただいてからは、お母様の銀行行きに必ず私がご一緒してますから安心してください」と小声で言ってくれた。よく気がつく上、「調べておきます」と言ったことは間を置かず、すぐに丁寧なメールが返ってくる。不動産営業にありがちな、契約したら顧客を部下まかせにする営業マンとは真逆の奇特な人だ。不動産や税の知識も相当あり、東京に来たら富裕層に引っ張りだこの営業マンになるだろう。

購入契約はMさん、契約担当の方と進める。母と私、それぞれがマンション購入契約書に捺印、サインをする。

今回のマンションを販売する会社の創業者は母の同級生らしい。一緒に遊んでいたあの子がこんな立派な会社を作るなんてと、母はサインしながら感嘆している。

しびれを切らした父を、友人がコーヒーを飲みに連れ出してくれた。退場する父の後ろ姿に「お父さん、ありがとう」と手を合わせる。建設予定地を見てわずか一ヶ月で購入するのだ。局面は大きく変わろうとしている。

契約が終わり、初めてモデルルームを見た。両親はすでに何度も訪れているようで、どこに何があるかも熟知している。コンパクトながらも「ザ・新築マンション」のきらびやかさもあり、ここに親が暮らすのだと想像するだけで気持ちが沸き立った。最新設備が苦手という二人は、食洗機は使わないだろうが、寒暖差がやわらぐ複合ガラスの窓や、洗濯を干したり、花を育てるに十分広いバルコニーがあり、やっぱり必要にして十分な住まいだと思った。

300㎡余の大きな家から60㎡少々のマンションへ。持参できる家具は10個くらいだろうか。

2LDKのスペアルームともいうべき5畳間が意外に小さく気になったが、上階の角部屋だ。2面の窓からは遠くに山並みも望めるだろうし、開放感は十分だ。

小さな家の住み心地はヌケ感のある、なしで全く違ってくる。マンション購入者に聞いた「希望する間取りランキング」ではダントツ1位、半数近い人が「角住戸」と答え、第2位が専用ポーチとあった（「スーモ」2023年4月11日号）。ここはポーチこそないものの、角住戸のため人が玄関先を通ることもない。

モデルルームも見ないまま、母に勧めたマンションだったが、現段階では引っかかる点がなく何よりだ。こうなったら、一日も早く完成したマンションを見たい。

今回、新築マンションを選んだのは性能への期待も大きかった。これまでは中古物件をリフォームして、理想の家を作って暮らすことに腐心してきた私だった。リフォームの実録を何冊も本に書き、50代までは安くて自由度の高い中古物件が一番だと思ってきた。

だが歳を重ねるうちに別の考えも生まれた。親しい年上の友人が新築マンションに移り、何度も訪ねるうちに、抗えない性能の価値を実感したのだ。

外熱を通しにくい複層ガラスの窓は寒暖差が少なく、夏と冬はありがたさが身にしみた。冬は、ゆるい床暖房の微熱も逃がさず、部屋全体がほんわかと温かい。また、24時間換気で空気がよどみやすいトイレも洗面所もいつもクリーンである。

そんな経験から、部屋が狭くなっても、住宅の性能を上げるほうが高齢者にとっては快適に暮らせるはずだと思った。
また、なぜ購入するのかについては、高齢で借りられないことが大きい。そして老人ホームの高額な入所費用を支払うことを考えれば、月々の使用料もかからず、マンションという資産は残る。もちろん、置かれている環境や健康状態など人それぞれだから一概には言えないが。

契約を結び、実際のモデルルームも見た後、二人の暮らしに合わせ、変更工事のプランを作った。何度か修正をかけ、見積もりを取り直していく。
「あれ、その寝室のコンセントは、この前やっぱりいらないとキャンセルされましたよ」などとMさんが、こちらが何を変更したのか、忘れていることを正してくれる。毎日、書類の束と格闘している私としては、その度に救われるのであった。

（変更工事の内容）
・リビングに床暖房を
冬場は床暖房だけで過ごしてきたし、エアコンの暖房は喉を痛めるため、床暖房を追加。

・作り付け食器棚
母はこれまでの古い食器棚を使いたがった。だが、サイズが合わず、壁の間に数センチの隙間ができる。デッドスペースはほこりの巣窟となるため食器棚を新設した。

・ガスコンロをＩＨに変更
これまでもＩＨ調理器だったため同じ仕様にした。

・リビングと寝室を分かつ壁を3枚の引き戸にする
60㎡少々の住戸に開放感を持たせるため。引き戸を開ければ広々とした空間が生まれる。万が一、片方が寝込んでもリビングの人の気配に安心できる。

・母の身長（１４０㎝）に合わせて、クローゼットのバーやトイレの吊り戸などを低い位置に
手の届かない棚やハンガーパイプをすべて使いやすいように高さを低くした。

・コンセントの数を増やす

携帯充電器から湯沸かしポットなど、キッチン周辺は電気製品が密集する。火災の原因となるタコ足配線をさせないためにも追加。

・ピアノの防音工事

30年以上、ピアノの訪問レッスンを受けてきた母は、アップライトピアノだけは持っていきたいと希望していた。

マンションの上層階でピアノとなれば、防音室を作ることになるかと心配していたが、床の補強工事のみで大丈夫とのこと。費用も20万円程だった。あとは時間帯に配慮すればピアノを弾けるとの管理会社の回答に工事を依頼した。

追加工事のプランがまとまると、快適な住まいのカタチが見えてきた。

母と私の合言葉は「将来売りづらくならないようにしないとだね」だった。両親の年齢を考えると、まずはこの先10年間を快適に暮らすための家づくりだ。使い勝手を良くすると同時に「売却する時のこと」も充分考えなければいけない。

2021年9月　長崎

4 待ったなしの遺言書作り

法的に通用しなかった手書き遺言書

さて、もう一つ、気になっていたのが共同購入するマンションの行く末だった。10年経てば母は95歳、私は70代だ。二人を見送ったのち、このマンションを売るのか、貸すのかも考えておかねばならない。

この先、長崎に戻って自分が暮らすことはないだろうし、その時点で私に十分な知力と行動力があるかも分からない。マンションの管理については先々、私の娘など人の手助けがいるかもしれない。

そのためにも、将来、私一人の独断で売ったり、貸したりできるよう、「このマンションは、私一人に相続して欲しい。お母さんの持ち分を妹二人にも相続して三人で

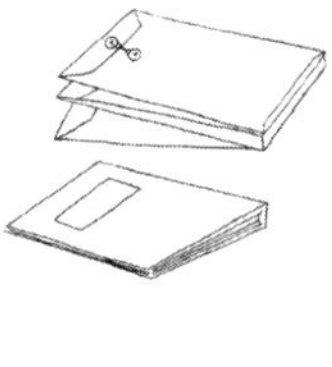

親の形見分けをやってね、みたいなややこしい形にはしないで」と念を押した。母は「もちろん」と快諾した。

だが、マンションの母の持ち分を相続することで問題も発生する。

これまでは、仮に山奥の山林原野を私に相続させると親が決めていたとしても、丸ごといりませんと相続放棄すればいいやと思っていた。だが、母親とマンションを買ったことでそれができなくなる。マンションをもらう代わりに、山林原野も受け取らねばならない。この辺は相続人である妹たちと協議して変更もできるだろうが、私がいらないものは妹たちももらわないだろうし、押し付け合いになるかもしれない。そして、子どもが私一人となった場合、マンションだけほしいと選ぶことはできない。相続は100％全部を受け取るか、放棄するかの2択と法で定められている。

そうなると、親は私に何を残そうとしているのか。いや、娘3人に、具体的な相続プランを作っているのか、気になってきた。「人生後半期、最大の山場は介護と相続」と、評論家の樋口恵子さんもご著書でおっしゃっていたではないか。

私から見れば妹たちに欲はないが、面倒なことは苦手なようだ。親がいなくなって、何をどれだけ持っていたのか通帳を探し回り、頭数で割って相続を推し進めるなど、この先、私もやりきれない。

本当に大丈夫なのか、と悶々《もんもん》としていると、「心配しないで。ちゃんとした手書きの遺言書を自分たちで作っているから」と母が言ってきた。「手書き」「自分たち」という言葉を聞いただけで限りなく怪しい、と思った。そう言うと、「法務局の人に教えてもらった通りやったから問題ないわよ」と言い張る。

危ない。どうにかして一度、専門家に見てもらおうと、人づてに紹介された長崎の司法書士さんに慌ててアポを取る。

それにしても私の日常はこれまでと180度変わってしまった。日夜、税理士、司法書士、マンション営業のMさん、親からと連絡が入り、メールを返すうち丑三つ時となる。新刊本の発売も迫っているというのに、思考は完全に長崎に捻じ曲げられている。

両親と共に司法書士さんの事務所を訪ねたのは、マンションの購入契約を済ませた後だった。母が完璧という手書き遺言書を見せるためだ。

事務所に入りあいさつを交わすと、母は堂々と封筒に入った自筆の遺言書を手渡した。

中身を見たことのない私は、封筒から数枚の便箋をうやうやしく取り出す司法書士をじっと見ていた。

ふむふむと読み進めるそばから、「夫と二人、法務局の人に書き方を教わりましたので」と母が口添える。「そうですか……」と、ものの数分で父の遺言書にも目を通した。そうして、言葉を選ぶように口火を切った。

「拝見しましたが、あちこち法的に引っかかるところがありまして……これは使えません。ちゃんと作り直した方がいいでしょうね」

まったく予想通りの回答が返ってきた。母は困惑しきりだ。

司法書士の説明は続く。

「たとえばね、ご主人が所有されている土地は住所でなく、謄本に書かれている地番を書かないとダメなんですよ。他にもあるなぁ……」

司法書士は法的に通用する遺言書を作らないと次のことでモメるというのだ。
・身内同士の取り分
・権利形態が複雑かつ、建物が老朽化した不（負）動産の処理（押し付け合いとなる）

「どこの家も似たようなものです。子どもの一人が主導権をとって、正式な遺言書を書くよう親を説得しないと、なかなか進まないんですよ」

意気消沈する母に向かって、司法書士は一番堅いとされる公正遺言書を作ったらどうかと提案した。

公正遺言書とは遺言者（父と母）が公証人へ口頭で遺言の内容を伝え、法律のプロの公証人が遺言書を作成、相続手続きをするものだ。相続の際、家庭裁判所の検認は不要。遺言書の原本は公証人が管理するため、紛失する、盗まれるなどの心配もない。

ロンドンに家を購入した後、私も公正遺言書を作った。出張の多い私は、飛行機事故で突然命を落とすリスクもある。ロンドンの家の住所や保険など、すべてを明確にしておくことは、残った娘への配慮だ。出来上がった遺言書の概要はすでに娘に見せてある。

書類探しも困らないよう「遺言」と書いた自宅の引き出しには、遺言書の他、死亡受取金が下りる保険の一覧、ロンドンの管理会社の連絡先も書き入れている。

私にとってお金周りのことを子どもに伝えるなど当然のことで何の抵抗もなかったし、むしろ情報公開しておく方が双方にとって安心だと思ってきた。

両親だってマンションを買い、家を売る——いわば人生の棚卸しを始めるのだ。子どもたちが混乱しないよう遺言という申し送りを完結してほしい。

親の資産を聞き出す苦悩

ところが、ここで予想に反する事態が起きた。

正式な遺言書を作るのなら、資産を全てリストアップするよう司法書士に言われたのだ。

「公正証書を作る第一歩は、お父さん、お母さん、それぞれが持っている預貯金や有価証券などの資産目録を、まず税理士さんに作ってもらってください」——と。

これは素人では手に負えない。そこでこの面倒な作業を、マンション営業のMさんに紹介してもらった中堅税理士の若先生にお願いした。おしどり贈与の時にも親身に相談にのってくれた人だ。

余談だが、高齢者にも丁寧に対応してくれる税理士や司法書士の探し方は紹介に限る。しかも信用できる人からの紹介だ。売買や仲介を依頼した不動産会社からの紹介なら、失礼がないようにと丁寧に対応してもらえる。私も何人か紹介してもらったが、これまでハズレもなく、長いお付き合いの方もいる。

さて、若先生からは資産目録を作るため、すべての会員証や権利証を出すように言われた。だが、ゴルフ会員権、証券会社からの書類など、あちこちに分散し、かき集めるのも大変な作業である。

父がデイサービスに出かけたあと、「まさかこんなことになるなんて」と、母は昔の書類や古い通帳をひっくり返してはため息をついている。

「私も手伝うよ」と書類に手を伸ばすや、「ダメ！　こういうものは子どもが見るものじゃないの」と、突然叱責された。

「どういうこと!?」

これには私も怒り心頭。こんなに親身になって動いているのに、まさか私のことを財産狙いだなんて思ってないわよねと、思わず詰め寄った。

「まさか」と言いつつも母は、「これは私たちの大切な書類なの。子どもといえども立ち入るものじゃないのよ」と、決め事のように言う。

やれやれである。マンションの共同購入まで加担しているのに、資産の開示でいきなり線引き？　机いっぱいに広がった書類は、おそらくずっと整理しないまま、箱に詰め込まれ放置されていたものだ。

イレギュラーなことは所帯経営を任された母でも手に負えない。最後は分からないからあなたがやってと頼んでくるくせにと、怒りでもう全てを投げ出しそうになった。引っ越しに行き着く前にこんな気持ちになるなんて、この先どうなることだろう。

この「見るな」「大丈夫」「分かってる」という親の三大拒絶について話すと、「うちの親もそうよ。困ってるのよ」とほとんどの友人、知人が同じ経験を語ろうとする。介護手前の親をヘルプする「介助」で立ちはだかってくるのが、この手の問題らしい。

自分はまだ十分判断能力もあるし、家のことは一番分かっているという親の自負（プライド）。傍目からは「違う」「手遅れになる」「危険」と見えるが、突っぱねられる。そうなるとこちらもヒートアップして反論する。どこまでやっても信用されない。娘に決定権を与えまいとする親の攻防が理解できず、ただただ、エネルギーを消耗していくのだ。

力づくで動かす訳にもいかないと、冷静になって親の居ぬ間にコソコソとカンニングよろしく書斎の引き出しをチェックしたり、確認のため関係者に連絡する。すると親の言い分と違うこともままあり、ここでもまた分からぬようにこっそり修正する。行く手を阻むのは、自分でできるという親の現役意識と、手出しされてなるものかという意地である。

この時期、突然妙な湿疹が体中に出たり、脚がもげるかというほどの痛みに襲われた。検査しても原因が分からず、後で考えれば、全てストレスが原因のようだった。


西の果ての長崎はゆっくり陽が沈む。夕飯の支度をしていると、「わー」と母の絶叫。棚の奥に溜め込んだ書類がなだれを起こした。もともと財務や不動産に明るい父がすべて管理していたのに、10年以上前に、やりたくないと母にバトンタッチ、以来ずっとそのままにしておいたのだろう。床に散乱した書類の山にサジを投げた母は、いったんそれをかき集め、バサッと袋に入れた。

夜、お茶を飲んでいると、おもむろに私の横に来てこれだけど……と、質問したい項目だけをチラリと見せては引っ込める。書類には「○×組合」「○×ファンド」……と書いてある。やはり手に負えなくなったのか、私の機嫌を取り始めた。

手伝ってね。助けてね。でも立ち入らないで、余計なことは聞かないで。お母さんが分からないことだけを引き受けて。

この途方もなくややこしい遺言書を作るのに、そんな都合のいい話があるだろうか。親は歳を重ねるにつれ、猜疑心が強くなり、分からないことには頑固になると聞いていたが、母のケースも例外ではなかった。資産や遺言に関して我が家は比較的オープンに話し合ってきただけに、土壇場でのこの変化にどう対応すべきか。母との葛藤に慣れていない私は、頭を抱え込んだ。


マンション購入の手続きに、この遺言書作成が加わり、司法書士や税理士との書類のやりとりも増えた。東京に居ても一日の大半を親のために費やしている。スケジュールを間違えないよう、手帳は書き込みでびっしりとなり、肝心の仕事の予定は付せん紙に書き綴って手帳の表に貼る始末。

それもこれも、住み替えを決めて以降始まった、本格的な親の身辺整理のせいだ。終活の中でも一番難しく、重要なミッション。一体誰がやるんだろうと思ってきたが、いざ自分が当事者になると、親から頼られ、親の前に立つことが、これほど厄介で心躍ることかと初めて知った。親の介護で盛り上がる人たちも、同じ思いだったのだろうか。

何を持っているか分からない

遺言書作りで難航したのは書類集めだけではなかった。子どもたちがケンカにならないようにと、三姉妹、平等に3等分するという母の思いが、作業をよりややこしくさせた。

現金ならいざしらず、例えば父が持っていた、いくらもしないゴルフ会員権などは3つに分けられない。その上、何から何まで均等に残そうとするため、重要書類とおぼしきものをあっちにやったり、こっちに戻したりするうち、どんどん時間が過ぎてゆく。最後は業を煮やした税理士が家にやってきて、一緒に分配作業をやってくれた。

面倒なことを避けたい父は、遺言書作りをすべて母に任せると言いつつも、「うちの子どもらは金のことでケンカなどしないのに」と不快感をあらわす。母が我が家の内政事情を自分以外の人と話し合っていることが面白くないのだ。呼ばれて同席していても、すぐに書斎にこもってしまう。

元はと言えばマンション購入がきっかけではあった。だが、全くわからない両親の資産は、いよいよになってからではなく、早い段階で明確にしてもらいたいと常々思っていた。妹たちと揉めないためではなく、速やかに後始末をしたい、それだけだ。一緒に作業した結果、心配していた相続し困るもの（負の遺産）は何もなく、二人が築いたささやかな贈り物が少しずつ遺言に記されていたのだった。

友人知人と相続の話をすると、プラスよりマイナスの話題が多くのぼるのも興味深い。30代知人のケースも悲惨だった。シングルマザーの彼女は父の葬儀の後、父が親戚の借金の保証人になっていたと初めて知った。母親亡きあと、相続人は彼女一人だけ。「もしかして、私が何千万もの借金を引き継ぐことになるの」と慌てて弁護士に相談したところ、法的に相続を放棄する相続放棄を勧められた。彼女は言われるまま裁判所に申し立てて負債をまぬがれたという。そのままいけば、彼女に借金の請求が及び、とんでもないことになっていた。

また、不動産絡みの厄介ごとも結構多い。たとえば先祖代々受け継がれた朽ち果てた連棟式住宅。進入路が狭く、再建築不可で権利関係もややこしく、売るに売れない宅地。ハザードマップに引っかかる崖地、山林原野の土地など、その存在を、親が倒れたのち初めて知らされたケースもあった。

俗にいう負動産だ。

持ち続けた親にすれば、いつか言えばいいくらいに考えていたのだろう。だが、親が死して突然、案件を突きつけられた子どもたちは対策を打つ時間がない。親が遺した自宅や預貯金はほしいけれど、負動産とセットなら受け取れない。

専門家に駆け込んでも税務署への相続申告は親が死んだことを知った日の翌日から10ヶ月以内に提出とある。そして相続放棄は3ヶ月以内に決断しなければならない。葬式、初七日……初めて知って必要書類を集め、専門家を探すなどジタバタするうち、どっちつかずのタイムオーバーとなることが一番やっかいだ。


うちの場合も父の物忘れは少しずつ進んでいた。これで母が認知症にでもなれば、全ては迷宮入り、遺言書作りも暗礁に乗り上げるだろう。そう考えると遺言書は相続のためというより、親が持っているものを正確に記録するために作るもの、いわば人生の総決算書である。

だが母のペースは相変わらずだ。どうすればいいか、税理士の若先生とやりとりしていた矢先、またもや問題が出た。

5 親の思いと子の現実

父が先か、母が先か、2通り想定した遺言書

2021年9月　長崎

ある夜、実家のトイレと洗面所の掃除を終え、お茶を飲んでいると母が「遺言書ノート」なるものを持ってきた。随分、私への警戒心も緩んだようで、広げたノートは反対側から丸見えだ。細かい文字は読めないが、色んな項目を3等分している様子。私の前で「お父さんがいなくなったら、これはどうするかな」と一人ごちてノートを眺めている。その様子を見て、肝心なことが抜けていることに気が付いた。

もし母になにかあったとき、つまり父が一人残されたとき、誰がどのように父の面倒を見るのか。その視点が丸ごと抜けていたのだ。

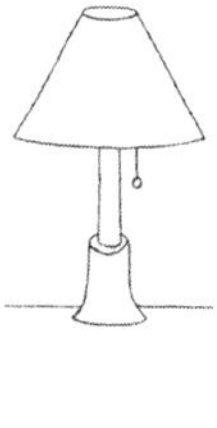

私としたことが最もシリアスな課題をスルーしていたではないか。

「お母さんが先に死んだら、お父さんはどうするの」

問いただす私に母はまたしても、シャットアウト。

「そんなことはないわよ。順番で行けばお父さんが先よ」

とんでもない、よくよく考えると、これはまずい。

もし、母が父より先に亡くなったら、もの忘れ、神経痛、人見知りなどで自立生活が怪しい父はアウトだ。

「お母さんがいないとご飯も食べれない。寂しくて生きていけない」とは父の口癖。母なきあと、こんな父を郷里に一人残すことはできない。子どもが誰もいない長崎の施設に入れて様子を見ることも、飛行機代など考えれば現実的ではない。


妹たちが家庭事情で介護に時間をさけないことを想定すると、十中八九、私が父を引き取ることになるだろう。だが、母をなくせば、ショックのあまり父は寝込むかもしれない。もしくは自暴自棄？　うつになる？　母を求めて徘徊？

頭をよぎるのは、尋常ではない、変わり果てた父の姿ばかりだ。

母の葬儀を済ませ、両親のマンションを片付け、父を東京まで連れて行く。妹たちにも手伝ってもらい、業者も入れて。そうなったら長崎じまいと父の東京移住だ。

東京に迎えれば、在宅が困難な状態でも、自宅近くの施設を使って日常的に行き来しながら父を看ていける。だが、東京都下とはいえ、高齢者住宅や看取りまで引き受ける老人ホームはン千万円の入居費用とン十万の月額費用が発生する。とんでもなく高いではないか。


そこで母に詰め寄り、お母さんが先に死んだ場合は、お母さんの財産のすべてを私に譲ると書いてほしいといった。ギョッとする母に「お父さんを東京に引き取るための経費に充てたい」と説明した。妹たちも大好きな父のことは常に案じているゆえ、異論はないはずだ。子どもたちに譲るものがあるなら、父が安心して生きていくために使うべきだと考えるはずだし、父のためにならないことは反対するだろう。ここで妥協してはならないのだ。

だが。私の力説を前にしても、母は「お父さんをおいて自分は絶対に死なない」と繰り返すばかり。自分が父を見送るという信念は揺るがない。そんな母からすれば、想定外のことを言い出され、戸惑っているのもよく分かるが、遺言はあらゆることを想定して作るべきだ。

説明するうち、しぶしぶ母は承諾した。そこで母のノートをたぐり寄せ、3等分した表の上に司法書士にわかるよう「父が存命で母亡き場合はすべてを長女へ相続」と赤字を入れ母に見せた。相続の文字の下に（父に充てる経費）と記して。

そして万が一、私が母より先に亡くなった場合には、その部分を書き変え、妹のどちらかにすべてを相続させるよう書いた。母も「そうか、こうすればお父さんの介護費用になるのね」と納得した。

強引なようだが、これで母がうまく説明できずとも、司法書士にノートを見せればこちらの意図は理解してくれるだろう。

誰が父を引き受けても金銭的な不安にかられることなく、プロの手を借りながら安心して寄り添えるだろう。時には孫やひ孫と父の団らんの費用に充ててもいいではないか。

お金のことが原因で父を孤独にしてはならないのだ。

成年後見人だけは嫌よ

東京に戻った私は、仕事の繁忙期を迎えていた。遺言書の件も気になっていたが、赤字まで入れて修正したし、うまく進んでいるだろうと思っていた。

ところが、その後母から来た手紙を読むと、司法書士の先生に話したが、父と母どっちが先に死ぬかわからないことを想定して遺言書は作れないという。そればかりか、そんなにお父さんの今後が心配なら、娘さんが成年後見人になるべきだと提案されたという。成年後見人については、遺言書に着手した時、あれこれ調べて、母と話し合い、絶対にこれだけはやめようねと取り決めていた。対応できる家庭があっても、私にはできないときっぱり断っていたものだ。

なぜ無理なのか端的にいえば、とにかく面倒だからだ。そして、我が家の財政を見ず知らずの人にとやかく言われたくないからだ。

成年後見人制度は、認知症や精神障害などで判断能力をなくした人を保護し、支援するための制度というが、引き受け人に大きな負荷がかかるとも指摘されている。

私が無理だと思う点は、成年後見人を弁護士、司法書士など専門家に任せようとしても、申し込んだのち、公証人役場に足を運ぶなど、膨大な手続きがあること。しかも、どの人がうちの担当をするかは、私たちではなく裁判所が決めるという。いったん決まれば、たとえ虫が好かなかろうが、その人に我が家の金の動きをチェックされ、毎月数万の高い報酬を払い続けねばならない。

では他人でなく、家族が成年後見人になったらどうかといえば、父のため布団一つ買うにも出入金を監視される。その上、年に1回、定期的に裁判所に報告書や財産目録を作成して提出する義務までついてくる。

直接的な介護ならいざ知らず、制度のために時間とお金を虫食いにされるなど絶対にごめんだ。

どうにか回避する道はないものか。ある司法書士は、公正証書の遺言書作りをほうぼうで断られた軽度認知症のおばあちゃんのために動いたと聞いた。なんと司法書士自らが下書きを作り、それを大きくコピー。その上にトレーシングペーパーをかけ、一字一句間違えないよう、おばあちゃんに遺言書をなぞり書きさせたという。

おばあちゃんの身寄りは引きこもりによって失職した甥っ子のみ。自分の家を何とか甥っ子に相続させたいと生活相談員に話したところ、認知症のクライアントを持つこの司法書士を紹介され、直筆の遺言書を作ることになったそうだ。

直筆遺言書の場合、紙の種類は問われず、トレペでも効力は変わらないという。司法書士が横について10日間かけて慎重に見守った根気の作業で遺言書は完成した。

漢字が書けなければなぞり書き、と同じように、残された父を守る遺言のカタチはきっとあるはずだ。

ああ、それなのに「先生はあなたが成年後見人に適任だといいます」と、二人して他の手立てはないと決めつけている。

とんでもない展開となった。

介護する人を相続人にする考え

これまでは母が自分でやると言えば、なるべくそれを尊重してきたが、この一件で限界を見た思いだった。今の母はあくまで直線でしか物を考えられない。父が一人残された場合のリスクを何度話しても理解しない。これは互いの立ち位置の違いからくるのか。否、それも含めてもう、やり方を変える時が来たのだ。

大切なことは、親のことでも私が前に出なければ話が進まないと自覚することだ。

数日後、母より「先生にこちらの思いをわかってもらえました」と、またまた朗報が届いた。ホッとしたのもつかの間、「書き換えてもらいました」と送られてきた遺言書の下書きが一字一句全く何も変わっていない。

母がノートに書いていた3人に平等に分ける案がそのまま残り、私が懇願した父の介護経費を集約させるという案は却下されている。何ということか。

母に電話をかけて、絶対に後見人にならない。アカの他人にうちの財務を管理されたくないし、裁判所とやりとりするなど絶対にできない、なぜこんなことになるのとぶちまけた。

すると「長崎に来てあなたの思いを司法書士の先生に伝えてもらえないか」とか細い声でいう。母もお手上げなのだろう。

私とて、もう、うんざりである。


こうなったら母を飛び越え、司法書士と話すより、困ったときはセカンドオピニオンに助けを求めた方がいいと、お世話になっている士業の先生にどうするべきか尋ねた。結果は断然シンプルだった。「介護する人のみを相続人にすればいい」とのことだ。つまり看る人にすべてを相続して、経費の管理も看る人が一人ですればいいというのだ。

なんだ、こんなに単純なことか。これですべては解決だ。万が一、父が一人残された時、誰が父を引き受ける立場になっても、その人に集約すればお金のことで右往左往することもない。

それを再び母に電話で説明。遺言書の下書きに、母に了承を得て、赤字を入れ返送した。

今度こそ、書き換えてくれるだろう。

それにしても疲弊した。一刻も早くこの問題から手を引きたかった。まさかマンションへの住み替えが、親亡き後の遺言書作りにまで及ぶとは思わなかった。

後日届いた遺言書の写しには「遺言者の相続開始時に夫（父の名）が生存しているときは記載の財産を（私の名）に相続させる」の一文が加わっていた。そして万が一、私が死んだならどうするかも追記された。


ここまできて、私の中にはもう一つの心配ごとが生まれた。遺言通り父を看る私が、母から相続した資産を、丸ごと父の施設費用に使った場合、父に贈与税がかからないのかという点だ。

セカンドオピニオンの先生によると、贈与に当たるかどうかは使途によって決まるという。

つまり「夫婦や親子、兄弟姉妹など、扶養義務のある人から、生活費や教育費に充てるためにもらった財産で、必要と認められるもの」については、たとえ財産を移転しても贈与税はかからないという。

「仮に、お母さんが亡くなり、自立できないお父さんを長崎のマンションに一人で置いておけないと、娘さんの生活基盤である東京に呼びよせた。そして施設に預けるための費用を娘さんが負担しても、そこに贈与税はかからない」ということだ。

疑問に思ったことは何でもつぶしていく。父についてはやっと心配ごとがなくなり、胸をなで下ろした。

セカンドオピニオンの先生いわく、「井形さんのケースは考えにブレがないので、親世代、子世代、両方にとって良い結果になった。単純に相続税を安くするだけではなく、誰が親の面倒を看るかという視点が、とても大事だと気付かされました」とプロに労われ、ささくれ立った気持ちも少しほぐれた。

後日、最終版を確認し、母の遺言書の件は落着したが、これが現実に使われることがないよう、ともかく母には長生きしてほしいと願うばかりだ。父の方も、税理士の若先生の協力のもと無事に遺言書が完成したようだ。

これで親に何かが起きても、どこに何があるのか探し回る心配もないし、誰に何をゆずるのか右往左往せずに済む。そのことが一番嬉しく、家一軒分の大荷物を片付けたぐらいの気分になった。

2021年11月　東京

6 「住みたい家」と「売れる家」

親の家は売れるのか

遺言書の一件が片づくと、東京で仕事をしていても、これまで住んでいた親の家がちゃんと売れるのか、気持ちが売却にググッと傾いた。

実家の売却こそは避けて通れない最難関である。

前述したように家そのものは10人いれば7人くらいまでが「いい家ですね」と褒めてくれる魅力ある住宅だ。一般住宅にしては大きめで、複数台車が停められる広いガレージもあり、石材を張り詰めた外壁は箱根あたりに佇むオーベルジュのよう。そして、くどいが眼下には海が広がっている高台という立地だ。

これまでいろんな人から、将来は絶対レストランにするべきだと言われ有頂天になっていたが、ここにきて夢から覚めた感は否めなかった。

そもそも、父が正気の沙汰ではない建築費をこの家につぎ込んだ理由は、家を建てた頃にさかのぼる。父は地元でちょっぴり偉くなっていた。別に勲章を授かったとか、事業で大成功したとかではない。

会社役員として妻の家業に仕えた父は当時、仕事も人間関係も遊び友達との交流も最盛期を迎え、ロータリアンとしても役にも付いていた。母曰く、そんな勢いが周囲にも分かるように「どうだ」とこの家を建てたのだという。父の願望だった全面ガラス張りの展望風呂にその痕跡は色濃い。まさに大輪の花開く俺の人生クライマックス編——である。

こうして建築家と二人三脚で、質素倹約が大好きな母と妹たち家族が卒倒しそうな絶景御殿が誕生したのだった。もちろん、世の中には数多《あまた》の素晴らしい家があるから、この表現はあくまで実家贔屓《びいき》の娘目線と大目に見てほしい。

話を戻すが、なぜそんな素晴らしい家が売れるのか不安になるのは、「いい家」と「住みたい家」もしくは「買える家」は違うからだ。私にはこの家を長崎でどんな人が買って住むのか想像できなかった。

長いこと「アットホーム」などの不動産サイトで、長崎の不動産事情を定期的にチェックしてきたが、中古戸建で確実に売れているものは、古くても中心部の人気エリアに建つ物件か、郊外でも平地に建つ新築、築浅の建て売り標準タイプが多かった。

奇抜な注文建築は価格も張る上、好みが分かれるから顧客も絞られる。「海見え」も鎌倉、葉山あたりなら億以上は当たり前。6千万円前後でビーチに10分圏内で海が見えて車が2台以上停められる物件が出たなら、申込み書を持って客が殺到し、すごいことになる。私も友人に頼まれて何度かそのような現場に走ったが、「見せてやる」「売ってやる」とばかりに、業者が威張っているケースが多く、買えるのは一握りの人だった。

けれど、山の頂まで家が建ちこめる長崎では海が見えるのは当たり前。むしろ、見晴らしが良い＝平坦でない証と敬遠されるらしい。多くの人は歳を重ねると「山から下りる」「平地に住む」ことを切望していると方々で聞いた。

海は見えなくてもいい、平地に住みたい長崎で、丘の上という立地と、この眺望にどれほどのバリューがあるのか。

マンションを探していた頃から、実家売却には不安があり、東京の買い取り業者にもこっそり査定を依頼した。見知らぬ業者に実家の住所を伝えることはかなり抵抗があったが、売れるものか知りたい思いが上回った。こちらから提供した情報は、所有者の住所・氏名と木造か鉄筋かなど、おおよその建物の構造などだった。

ところが日本全国買い取りOKのはずなのに、待てど暮せど業者から連絡はない。こちらから何度か電話したあげく、受付女性から査定不能と告げられた。複数社にあたったが、どこも「買い取りません」ときっぱり。やっぱり全国買い取りとは表向きで、都市部狙いの業者だったよう。妙に納得したが、親には話していない。

別の地区の高台分譲住宅地には、古い鉄筋住宅が「売家」の看板を掲げたまま、化石のように錆びついていた。子どもの頃、「金持ちの家」とうらやみ、憧れた邸宅の成れの果てだ。その家の前を通るたび、親の家がやがてこうなったらどうしようかと不安になった。

売れるか心配したもう一つの理由は割高な固定資産税だ。

鉄筋コンクリートの大きな住居は、それでなくても固定資産税が高い。建てたばかりの頃は、毎年カップルでヨーロッパ旅行に行くくらいの金額を払っていたと記憶する。年月が経ち多少安くなったとはいえ、割高な税金をものともしない人となれば、会社役員、自営業者、医者、弁護士、大手企業社員、公務員だ。

首都圏ではごまんといるパワーバイヤーも、長崎でどれほどいるのだろうか。

そして、売却が長引くほど家は古くなり、傷み、売りづらくなる。住宅ローン控除も適応される築25年手前、つまり今、売ってしまうのが一番だ。

そんな心配をよそに、母からは「子どもや孫たちが長崎に遊びに来た時にホテルのように使ってもらうのはどうかしら」と、とんでもない電話がかかってきた。空き家になった大きな家の管理など微塵にも考えていないのだ。共同所有する妹も、親が元気なうちはいいけれど、何かあっても県外に住む自分たちでは面倒見きれないと言う。

親と子の温度差はかなりのものと見た。

幸いにも両親共々やっぱり売るしかないよね、という当たり前の結論に達してくれた。

さっそく売却の段取りもしなければならないが、一筋縄ではいかないだろう。仕事の合間に長崎の不動産会社に電話してみるも、業者さんらは、どうも消極的な気がしてならず、それはなぜかと思い巡らせた。

「世話になった人」と「売ってくれる人」は違う

ぼんやりしていると時間はあっという間に過ぎていく。引っ越しまでに、何とかこの家を売却して、マンション購入で流出した親の貯えを捕填しなければならない。だが、そう上手くいくのだろうか。

手帳を見ながら考えた。これから販売を開始しても6ヶ月後といえば7月いっぱいだ。早々に申し込みが入ったとしても、こちらはすぐには出ていけない。マンションが完成する秋まで、引き渡しを半年以上も待ってくれる奇特な買い主がいるのだろうか。

何よりどこに頼めばいいか。不動産の売買はこれまで家族や友人・知人のサポートも含めると、かなりの回数経験してきた。家を売ってくれる確かな仲介業者かどうか嗅ぎ分ける嗅覚も、営業さんを見抜く眼力も、人より多少はあるかなと思う。

私が思う売却に強い営業さんの特徴は、圧倒的な売り経験のある人だ。

某大手不動産会社の名刺には星が付いている。その星の数こそが営業さんの実績を表している。中にはバンバカ契約を決めるから星が多すぎて印刷できない人もいるらしい。これぞ泣く子も黙るトップセールスマンだ。

こんな敏腕の営業さんに担当してもらった友人は、説明が分かりやすくて、説得力もあると、褒めまくっていた。そして、わずか一ヶ月でこの営業さんが案内したマンションを購入したのだった。「僕はとてもいい部屋だと思います。僕が一人で住むならここを選びますね」の一言が決め手だったという。

彼女いわく、この営業さんは将来売りやすいだの、このエリアは人気があるという類のことは言わず「僕は」から始まる自分の実直な考えを伝えてくれる。だから共感できたという。

売れる営業マンは、言葉にごまかしや曖昧さがない。客の質問から逃げない。的外れな提案をしない。

そして、なぜか運がいい。一期一会で縁ものといわれる不動産売買にとって、これは最大の強みだと思う。もう語りだせばきりがないほど住宅は大好きなテーマだ。

だが、今回の舞台は郷里である。知り合い、縁故が幅を利かせる地方の町はかなり面倒だ。誰かがどこかで知り合いや身内とつながっている。「初めて会う人の後ろには必ず共通の知り合いがいる」とは友人の言葉だ。だからこそ業者さん選びも神経を使う。

不得手な遺言や資金繰りではお任せだったくせに、売却になると両親はいきなり物申すようになった。「○不動産の○さんはやり手だ」「×君は会社でもずいぶん世話になった。話を聞いてみたらいい」と電話がかかってくる。

これまでお世話になった人たちだろうが、連絡してみると、すでに引退していたり、中にはあんないい家を売るなんてもったいないですよと、こんこんと助言をされたりする。

親の知り合いだからと一応話を聞いたりするが、限られた期間で売却を完了したいこちらからすれば、余計な時間と気を遣いへとへとになる。

知ってる人に任せれば「騙されない」「優遇してもらえる」など温情たっぷりのメリットもあるだろうが、できれば避けたい。

余談だが親の住み替えに関わり始め、これが東京の物件ならどんなにスムーズだったかと何度も思った。税理士さんなど士業の方々から不動産業者さんまで、親ではなく私がお付き合いした方々なら勝手もわかるし、電話一本で即、作業に取りかかれる。自分が築いてきた人脈がないに等しい場所で、事を起こすには数倍のエネルギーがいる。

こうなると勝手に所有者の土地の謄本を調べては「〇×地域限定で住宅を探してます！」と鬼のようにチラシや案内状を送ってくる東京の「〇ハウス」や「〇バブル」などシステマチックな仲介業者が恋しくなる。

これまで声をかけた数件の業者さんからは査定価格も出揃ったが、それは父が投入した大きな建設費の半値にも及ばなかった。どの業者さんも長崎としては少々高く提示したと言うが、都内ならばせいぜい50㎡に満たない中古マンションの価格だ。東京と比べても仕方ないし、家の価値と適正な売却価格は別物に違いない。

２０２２年ハローワークの求人データをもとに算出された長崎県の平均年収は約３１０万円。全国平均４４３万円（２０２１年国税庁）よりぐんと安い。平均月収25万円の人に手が届くのは２千万円前後の住宅といわれる。それより高額なこの家を買えるのは限られた人だろう。

すでに（購入者の条件により）フルで住宅ローンが使え、住宅ローン控除も適応されると、親の家のプラスポイントも分かってきたが、心配は尽きない。

「こんな眺めの良い場所は、長崎でもめったにない。売れないわけがない」

電話するたびに豪語する両親に危機感は見事になかった。

引っ越しと処分の見積もりをとる

この家で迎える最後の年の瀬が到来した。

本格的な家の売却と整理のため、今回は約2週間と長めの長崎行きとなる。何としても家を売ってくれる業者さんを見つけなければいけない。

それ以外にも家財道具の処分。大掛かりになるであろう引っ越し業者さんを探さなくては。

マンション営業のMさんからは、自分が前にお世話になった、とてもいい引っ越し屋さんがいると紹介されていた。会社は親の家の近所らしい。Mさんが推薦する業者さんならと、東京から約束を取り付けておいた。

帰省して早々に引っ越し屋の社長さんが時間通りにやってきた。快活でよく笑う暴れん坊将軍といった感じの壮年だ。両親と挨拶を交わしたのち、こちらの顔を覗き込み言った。

「東京と行ったり来たりは大変ですね。でも引っ越しのことは娘さんはな――んも心配せんでよか。荷造りもするし、この家の要らないものも私らが全部責任持って処分しますから安心して下さい」と、直球ストライクゾーンの言葉が飛んできた。しかも期待していなかった不用品処分までやってくれるという。

不用品の処分については、実家売却に次ぐ案件だったから、本当ですか？　と飛び上がりそうになった。帰省するたび、大きな家に押し込まれた大量の家具やガラクタをどう処分すべきか頭を抱えていたのだ。

もしかしたら、銀行に付き添うたびにこの家に出入りしているMさんが便宜をはかってと口添えしてくれたのか。それなら尚嬉しい。どうか、口先だけの社交辞令ではありませんようにと、心の中でブツブツ念じながら社長に、ひと通り家を見てもらう。

こちらの心配をよそに、1階から3階まで室内を一周回っただけで、「はい、大体わかりました」と言う。えっ、もう終わりか。それで一体いくらなのだろう。ピアノもあるけど、なるべく安くしてほしいんですが……とモゾモゾ言っていると、カバンから見積書を取り出し、サラサラと引っ越し代及び処分費用を書き出してくれた。

どうですか？　と社長に見せられた総費用は、「えっ、これだけ？　後で追加料金とか請求されない？」と思うような額だった。

大きなタンスやベッドも含めて、全部空っぽにするというガラクタ処分費用の対価もえっ？　と、きつねにつままれたようだった。

信頼するMさんの紹介でなければ、すぐにネットなどで裏を取ったかもしれない。

社長さんは戸惑う私を前に喋り続ける。

「お父さんもお母さんも高齢だし、引っ越しは気苦労も多いでしょう。うちにも同じ年頃の親がいるからよく分かる。何か困ったことがあれば、この窓を開けておーいと手を振ってくれれば飛んで来ますから」と笑って窓の向こうを指差した。

西の彼方に見える街道、そこに立っているビルが会社らしい。

「電話より早いでしょ。車で数分のところにいますから」と旧知の知り合いのようだ。矛盾するようだが、こういう人に出会うと、これが同郷の温かさというものか。東京ではこんな会話はあり得ないと思うのだった。


「ところで……」と、社長は向き直った。「売却をお願いする不動産屋さんはもう決まってるんですか？」と意外な展開である。

「ええ、まぁ……両親がいろいろ知っているようで……」

一体何だろうと、あやふやな返事を返していると、またも直球が飛んできた。

「実はすご腕の社長を知ってるんです。女性なんですが、とにかく、彼女はどんな家でも売る。頭がいいし、話も上手いし、あんな人見たことがない。もし、まだ業者さんを決めてなければ紹介しますから会ってみてはどうですか」と言った。

「そんな方がいるんですか」と相槌を打っていると、社長はケータイに向かって「すみません、今日時間ありますか？　今、○×町にいまして」と、どうやらその女性に連絡を取っている模様。人を説得するような物言いと、聞こえてくる会話に、どこかの高速を走っているその人を方向転換させ、うちに向かわせていることが分かった。

この速攻攻勢に、もしや二人は協定を結んで客を紹介しあっているのか？　と、じわり疑念が湧いてきた。

心配になった私は「来てもらってもご依頼するか分かりませんよ」と言うと、社長は「当たり前です。それでいい。ともかく会っておけば、何かの時の役に立つ」と、動じない。

ほどなくすると、「また、お客さんが見えたわよー」と庭にいた私たちのもとに母がやってきた。

どんな家も売るソプラノ社長

果たして、玄関には髪をリーゼントで固めたようなスーツ姿の男性。そして彼を率いるオペラ歌手と見まがうような華麗な女性が立っていた。ワンピースの裾がひらひら風に揺れる。

私の後ろから「すみません、突然お呼びたてして」と顔を出して引っ越し屋の社長が挨拶すると、「あらぁ、今営業所を回っていて、ちょうど近くを走っていたんですよ」と、美しい声で返す。この人がすご腕の社長さん――勝手にソプラノ社長と命名した。

私と同世代だろうか。存在そのものがきらびやかで、不動産業というより、まるでアフタヌーンティーのインストラクターのようだ。

引っ越し屋の社長は手短に私を紹介すると、それじゃ次の予定がありますから私はお先に、と外に飛び出して行った。

ともかく家を見てもらうべくスリッパを勧めると、ソプラノ社長はすかさず母に歩み寄る。

「海が見えてとってもいいお宅、お引っ越しをよく思い切りましたね」と優しい言葉をかける。嬉しそうに笑う母は、「そうなんです。ずっとここに住みたかったんですが、主人が免許を返納して……」とこれまでの経緯を話そうとした。が、お供の男性が「社長、次の予定が……」と小声で制し、会話はひとまず終了。

どんな家も売るというソプラノ社長は、古いキッチンの食器棚、和室建具の不具合などの前で足を止め、何やらお供の男性に話していた。

3階は賃借中のため、1階のバスルームやピアノ室、庭まで一通り見ると、今度は外に出て、南ひな段の造成地に建つ我が家と隣家の境界をチェックしている。「住宅は地べた（土地）と道路付け」とは、日本で首位を争う住宅メーカートップセールスマンが話していた。この社長、できる人かもと思った。

「売れそうですか？」と問う私に、「家をきれいに見せるとか工夫はいりますけどね……。他社さんが査定されてる価格帯になると買う人は限定されます。でも駐車場も広いし、店舗兼住居としても販売できますし」と、よどみなく続ける。

「この先に警察署もありますから、おまかせ頂いたら、すぐに公務員、学校の先生など収入の堅い層にアプローチします。当社の新聞折り込みチラシはとても反響あるんですよ」と話す。

正直、ネット時代に折り込みチラシか……と思ったが、不動産サイトより長崎ではチラシが効くという確信的な物言いに、チラシも含めてこの人には色んなノウハウがあるのかもと思った。引っ越し屋社長の「どんな家も売る女性」との言葉も気持ちを後押しした。

そこで、何としても引っ越すまでに売りたい。お宅に仲介を頼むなら、売れなかった時の買取保証も付けて欲しい。それはいくらかと尋ねた。正直、これまで面談した会社で買取保証をすると言った会社は一社もなかった。地方だからリスクも高いのだろう。こうなったらダメモトだ。

ソプラノ社長は「……そうですよね。ご心配ですものね」と前置きして、その件は今晩メールしますと帰っていった。

あまり期待せず待ってみようと思っていたところ、夕方届いたメールによると、売却価格の約7割ほどの金額が提示してあった。買い取ってくれるんだ。老朽化させて固定資産税を払い続けるよりマシではないか。

しかもソプラノ社長は、これまで会った業者さんの中で一番積極的だ。ダメもとですぐに電話をかけて、「買い取り価格ですが、もう一こえ何とかなりませんか」と言ってみた。うーん、厳しいですけど、それではと、価格はわずかに上積みされた。

ソプラノ社長は歌うような声で「でも、ご心配には及びませんよ。買い取りは最終手段です。素敵なお家ですから、きっといい買い主さんとつながれますよ。当社に任せてもらえるか考えが固まったらいつでもご連絡ください。どうかご縁がありますように」

そう言って電話を切った。

2022年2月　長崎

7　目標6ヶ月で実家売却

実家の売り方

　東京に戻った私の中ではソプラノ社長に確信めいたものはあったものの、母がおすすめという業者さんにもコンタクトをとり、話を聞いたりしていた。折しも新型コロナウイルスの感染が再び広がり、巷は自粛ムード。それなのに隣の市から訪ねてくれた業者さんはオープンルームをやりましょうと提案してきた。週末の2日間、ご両親にはどこかで時間を潰して頂きますと言うが、80代の高齢者はどこに行けばいいのか。そして、皆が出控えている時期なのにお客さんは来るのだろうか。

　すると、この界隈にポスティングで案内チラシをまくという。留守にするとポストにどっかり放り込まれているあれか。毎度、腹立ち紛れに丸ごと引っ張り出しゴミ袋に放り込む私には、どうもピンとこない。

しかも当日は「オープンハウス開催中」の旗を表に出すという。それをやれば、興味本位の人にも家の中を見せることになるし、何より引っ越しを秘密にしていたご近所さんらに家を売ることがバレてしまう。

今回の引っ越しは、母親の希望で、まだ妹たちと一部の人にしか話していない。90歳手前でマンションを買って住み替えることに気後れしているのか。

ともあれ、この段階で親も難色を示し、話は全て見送った。


くだんのソプラノ社長もまた、オープンハウスを提案してきた。しかも一年後に開催するという。両親がマンションに引っ越して、空っぽになった家にハウスクリーニングをかけて、すっかりきれいになったところで一気に客付けするというが、一年も引っ張られてはこちらの身が持たない。

慌てて、こちらとしてはすぐに売却活動に入ってほしいと伝えた。とはいえ、正式な仲介契約を結んでいないソプラノ社長とは、全てがタラレバの会話だったが。

他にも親の知り合いの業者さんはいたけれど、ソプラノ社長の言葉の端々に滲む直感力、どんな物件も売る人独特の軽快さは依然ナンバーワン。彼女が私の出身校の先輩ということが分かってからは、ますます相通じるものを感じ、この人にお願いしようと考え始めていた。親は次第に面倒になったのだろう。いつものごとく任せるからそっちで全部やってと言ってきた。

そこでソプラノ社長に依頼したい旨メールした。夜遅かったが待ってましたとばかりに「今話せますか」とすぐに返信があり、今後の流れを一通り話しながら確認し合った。

その後、ソプラノ社長の会社から東京の自宅に仲介契約書が届いた。買取保証の金額も明記されている。早速、内容に問題ないか、知り合いの不動産会社の社長にも見てもらった。

セカンドオピニオンが必要と感じたのは、売り主が私本人でなく父と妹だったからだ。代理で動く私はミスできない。

仲介契約は両親の家にソプラノ社長が訪ね、私がチェックした書類に父がサインをして完了した。余談だが、税理士、マンションの営業さんなど住み替えにまつわる方々が親の家を訪ねて下さるのは実にありがたい。郊外に住む高齢者にとってこれ以上のサービスはない。

仲介契約後、さっそく全国版の不動産サイトに広告を出すことになった。物件所在地が明確で見やすく、私もよく覗く大好きなサイトだ。買わない人にも、住んでみたいなぁと思わせる内容にしなくては。

この家の魅力を余すことなく伝えられるのは私たちだ。制作にあたっては当初から写真も文章もこちらで考えさせてほしいとソプラノ社長にお願いしておいた。

これまで帰省するたび撮りためておいた写真の数々もある。寝室に朝日が差し込めば飛んでいってシャッターを切り、日当たりの良さがよく分かるカットを押さえた。かねてから日本の住宅広告で不足していると感じていた、室内からの眺望もほとんどの窓から撮影した。こうすることで、東西南北の眺めが伝えられる。朝ごはんの支度をしていた母が、海から陽が昇りはじめ、空をオレンジ色に染めた瞬間、「今よ今、カメラお願い！」と叫んだ事もあった。

カモミールが揺れる家庭菜園、海や島を見下ろすように建つこの家の外観は、空が高くなり、空気が澄みきる秋がベストチャンスだった。

室内の決め写真がちょっと足りないとソプラノ社長に伝えると、「今日はお天気だから、ご実家へ行って撮影してきます」と飛んでいってくれた。

厳選した写真を絞り込んで、主文から写真の説明文までを書き上げた。

「室内のどこにいても海が見える、心癒される住まいです」ソプラノ社長のコピーをヘッドに入れて、バルコニーからのパノラマチックな眺望をサイトの最初に設定してもらった。

「あの家の良さがどの写真からも伝わってくる」と見てくれた友人も絶対に売れると太鼓判を押す。どうか売れますようにと、ベッドにもぐっても祈る思いで繰り返し、写真をながめた。

買いたくなる物件広告は業者まかせにしない

仲介契約後からわずか2週間で文字情報のみの折込チラシができ、アットホーム（不動産情報提供企業）のインターネット広告も仕上がった。東京からの遠隔操作でスムーズに進行しているとはいえ、アップするまでの数日間はテスト版の写真を入れ替えたり、文章を修正したりと、夜、家に帰ってソプラノ社長、及び社員さんとひっきりなしにやり取りをした。

肝心の価格は各社から提案された価格より幾分安く設定した。

いわゆるマジックナンバーの980万円を末尾に使い、ぱっと見て手の届く、買えそうなイメージを想起させる価格付けとした。他の業者さんはもっと高く売れる、もったいないといったが、私からすれば100万円少々の差で、売り逃したくなかったのだ。

こういう考えを見抜いていたかは分からないが、ソプラノ社長は何も言わずその価格で行きましょうといった。

不動産販売の肝は第一回目の広告だと思っている。反響が悪いからと途中で修正したり、写真を追加したりする様子は、毎日見ているとすぐわかるし、複数の業者が同じ物件の広告を出し始めると、行き遅れ感がにじむ。価格変更で値下げに至っては、もう後に引けない状況であり、安くして売れれば良いが、売れないときには棚晒しとなる可能性大だ。

ソプラノ社長には「この家は、短期決戦でいきましょう。広告も、案内も一発勝負で」と何度も念を押した。

最後に出来上がった本番ネット広告のリンクを両親に送りパソコンで見てもらった。電話の向こうの二人は、写真集か何かをみるように、ホウーと感動して、「私が撮れといった朝日の写真よ」とか「この構図が一番家がよく見える」と言い、声に出して「港から朝日が昇る様子は……」などと文章を読み上げている。

「忙しいからもう電話切るよ」と言うと母が、今更のごとく「どうもお世話さま」と言った。

果たして、サイトに広告をアップすると、最初は「お気に入り」登録もぼちぼちだったが、翌日には倍々で増え、その夜には更にその数が膨れ上がった。駆け込みで掲載枠を取ってもらった折込の連合チラシは、文字情報のみの小さな広告。だが、「写真があろうが、文字だけだろうが関係ないです。反響は来ます」と、ソプラノ社長から電話が入った。言葉にはかなりの自信が溢れている。

数日後、内見の予約がいくつか入ったと連絡が来る。案内は日を置かない方がいいと、次の週末に決行するという。

一人目はご近所にお住まいの方で奥様と来られるという。さわりを聞いただけでピンときた。

この内見は、はずせない。そう思った理由はいくつかある。まず問い合わせの速度（潜在的に的を絞って物件を探している人はレスポンスが早い）。しかもご近所の方だから土地勘もあり、もしかしたら、すでにこの家を知っているかもしれない。そうなると、決まる確率は高まり……と、一人皮算用にふける。

気になって、「二世帯住宅ですが、その方たちは子どもさんと住む予定ですか？」「固定資産税が高いことはご存知ですか？」などソプラノ社長に質問を飛ばす。彼女からはこれ以上はわからない。当日伺ってみましょうとメールが返ってきた。

それにしても週末に内見とは、あと数日しかない。

「私は東京にいるから掃除もできない。時間がなさすぎます」と言うと、私がお手伝いして余計なものを隠しますから、心配ありませんときっぱり。

案の定、「そんな急に言われても」と嫌がる母を、今回の内見はとても大事だから、とにかくソプラノ社長の言う通りにしてと説得した。

一本勝負の売却

週末の内見に向けてソプラノ社長と私のやり取りは続いた。広告が出て一番目に内見を申し込まれたご夫婦のことが気になって仕方なく、ついソプラノ社長にメールしてしまう。

内見の前日に「うまくいきますよう祈ってます」と激励のメッセージを送った。すると「東京からパワーを送って下さい。両手を広げて受け止めます」と飛んできた。私の勢いに、これしか返す言葉がなかったのかもしれないが、心は一つだ。つくづくこの人で良かったと思った。

ついに運命の日曜日だ。連休前のまさにお日柄も良い晴天……内見日和である。広告を載せた不動産サイトを見れば、お気に入りの登録者数は驚く数字となっていた。ソプラノ社長によると、見たいという問い合わせも来るが、今日の方がはっきりするまで、皆さんには待ってもらっているという。

時間となり、「これからご夫婦がいらっしゃいます」と電話が入る。手に汗握るとはこのことだ。

内見がスタートして小一時間。しびれを切らして母に電話を入れると、のんきな声が返ってきた。

「社長さんはお客さんと下の和室でずっと話してるよ。家は全部見てもらったからね」

それを聞いて、ご夫婦は多分この家に興味を持ってくれたのだ。だから話し込んでいるに違いないと、祈る思いでソプラノ社長の連絡を待った。

それにしても、やれやれ終わったと二人でお茶を飲んでくつろぐ両親と私の温度差は、依然すごいものがある。


しばらくして、ケータイがなった。ソプラノ社長からだった。

「今、申し込みを頂きました。ご両親もお疲れだと思って、下の和室で商談したんです。ご夫婦とも、この家を気に入ってくださって……」

最初の一言で、頭は真っ白。えっ、まさか。申し込みが入った。本当に一人目のご夫婦で決まったんだ。バンザイ！

ソプラノ社長によると、心配していた引き渡しの日程も、こちらの引っ越しに合わせて、年末までおよそ8ヶ月間も待ってくれるという。何とありがたいことか。

私は、ソプラノ社長が話し込んだに違いない、帰省するといつも私が使っている和室の座卓や畳の感触を思い出した。あの部屋で、父が建てた家の運命が決まったのだ。親に電話をすると、既にソプラノ社長から聞かされていたようで、こんなに早く決まってよかったと喜んでいた。父もそれにつられ、まあ、お母さんがいいならそれが一番だと繰り返す。

契約は私の帰省に合わせ、5月の連休中に執り行うことにした。

契約に必要な設備表を作るためにコンロから物置に至るまで、この設備はあるか、それはまだ使えるか、聞き取り調査をするという。築20年超えした家だから、引き戸がつっかえるとか、キッチンの建具にガタが来ているなど痛みもある。

家は中古売買に多い瑕疵《かし》担保責任を問わない、現況有姿《げんきょうゆうし》（現在あるがままの状態）で売却することにしていたから、母には不具合のあるところはちゃんとソプラノ社長に申告してよと何度も念を押した。買い主さんはそれを知った上で契約してもらうからだ。

結果的にはコンロの魚焼きグリルや、換気扇などいくつかの申告漏れがあり、引き渡し前に自費でリフォームすることとなった。

その他、太陽光発電の保証書や、肝心な家の権利書もなく、探し出さねばならない書類の数が増えていく。


これまでも贈与契約書、マンション売買契約書など、大切な書類は必ず東京に送ってもらい、親に代わって私と専門家でチェックした。絶景御殿の売買契約書も雛形を送ってもらい、知り合いの不動産会社社長に見てもらう。

歳を重ねると、専門職の知り合いを持っているか否かが、決断力の源になるとつくづく思う。知り合いといえど、動いてもらった対価としては、わずかながら相談料を渡している。相手の時間を取るのだから、茶菓子ではなくお金で返す。ちょっとしたバイトと思ってやってもらったほうが、気楽だし次回も頼みやすい。翌日にはチェックが完了し、それをもとにソプラノ社長と話す。

両親はこの間の売買騒動で疲れがたまってきている。父も体調を崩したようで、朝ごはんを食べると、眠い、眠いと、すぐベッドに逆戻りするらしい。

それをソプラノ社長に伝えると、ご両親の健康状態を考えて、契約は会社では行いません。買い主さんの家でできる部分を全て終えてから、買い主さんともどもお宅に伺うようにしましょうと言ってくれた。


すがすがしい5月。湾に浮かぶ生け簀の周りに陽が反射して、まるで小魚が飛び跳ねているように水面がキラキラ輝いている。

長崎に戻った私は両親と共についに契約日を迎えた。買い主さんご夫妻にも初めてお目にかかる。

緊張の面持ちで親と待っていると、「こんにちは」とソプラノ社長がお二人を連れてこられた。お勤めをセミリタイアされた快活なご主人と、母と同じクリスチャンの奥様は、穏やかで優しい印象。初めてお目にかかるのに不思議と親近感がわいた。

私と同世代のお二人は、親の家を以前から知っていたそうで、広告を見た瞬間、あの家ではないかとすぐに問い合わせたそうだ。子どもさん御一家とゆくゆくは二世帯で暮らす計画もあり、まさにぴったりの住まいだったという。噛みしめるようにこれまでを回想される奥様と向き合っていると、あたたかな気持ちになってくる。

ご夫婦は、月を見るのが好きで、港までよく散歩に行かれるらしい。

「でも、ここなら散歩に行かなくても、バルコニーから毎晩月が眺められますよ」とソプラノ社長。両親の暮らしの後に、幸せな家族の団らんが続く。

母は緊張しつつも話し続ける。それは売った、買ったとは無縁の、この家を住み継ぐ人達がどんな人なのか知りたいという想いからだろう。

同じクリスチャン同士、通う教会のこと、この家に飾られた「最後の晩餐」の木彫りについてなど話は尽きない。何もかもが奇跡のようだった。

きっと両親が、これまでまっすぐ、真面目に生きてきたご褒美だろう。

感動と達成感に包まれたその夜、両親とお茶を飲んでいるとソプラノ社長から電話が入り、すぐに司法書士と父との面談を組みたいといってきた。売却を確実にするためらしい。

胸騒ぎがした。

一難去ってまた一難である。

父、司法書士と面談

2022年5月　長崎

ソプラノ社長いわく、薬を飲んでぼんやりしているお父様は、署名するとき自分の漢字を忘れることがある。父の体調を鑑みれば、何かあった時のため、早めに司法書士と面談して売却の意思確認をしておいた方がいいとのこと。

司法書士の判断は、不動産売買において当事者の意思確認を行う上で重要とされ、大切な意味合いを持つと言われる。高齢者の不動産売却はあらゆる意味で時間との戦いだ。いくら買い手がついても、当事者が病気、怪我、入院、認知症といつ対応できなくなるか一寸先は分からない。

半年後、父がどうなってもこの家の決済ができるようソプラノ社長も手を尽くそうとしているのだ。住所、氏名、生年月日や家族のことを尋ね、父に判断能力と、家を売る意思があるのかを確認する面談をしておけば、たとえ父が寝込んでも、司法書士が父に代わって売却の意思を承認して、所有権をスムーズに移転することができるという。こんなに心強いことはない。

面談は私の帰省中のほうが父もリラックスできるはずと、近々に司法書士を連れてくることで話はまとまる。

このところ、連日知らない人が入れ替わり立ち替わりやってくるため、父は自宅にいても休まらない様子だ。

「これはいつまで続くのだ。もういい加減にしてほしい」と、母ばかりか私にまで文句を言ってきた。面談のことをどう切り出そうかと悶々としているさ中に、もう煩わしいことに巻き込まんでくれと、当事者らしからぬ主張を始めた。

考えてみれば父は常に母の夢に追従してきた。それは父の男気だが、家を手放すことへの淋しさもあるだろう。司法書士と面談してと告げた途端、お母さんにやってもらえとストライキを起こされたらどうしよう。

ソプラノ社長にはそのあたりをかいつまんで話し、私が温泉旅行に連れ出す朝に訪問してもらうことにした。

旅行気分でふわふわしている時を狙うのだ。

ここまで来たら郊外生活にも諦めはついただろうが、そこは老人。「実は、自分はこの家を手放したくなかった。家内が勝手にマンションに引っ越すと決めたから従った」などと、思いつくことをズケズケ言いだしたら止まらなくなる。軽口のつもりでも、司法書士がおかしいと思えば、せっかく締結したこの契約そのものに待った！がかかるかもしれない。

夕食後、私はノートを持ち出し、お父さんの書き文字を集めたいからここに書いてと、名前やら座右の銘やら、司法書士に署名を求められても気分を害さないよう、あれこれ書いてもらった。名前も書き順に詰まったりしないよう、繰り返し練習させたため、ノートのあちこちが父の名前で埋まっていった。

歳のせいか、こちらが働きかけないとすぐにテレビの前に座り、居眠りを始める。もっと覚醒して付き合ってもらわないと。

「うわぁ、お父さんの字は味がある。本当にいい字を書くねぇ」

すっとんきょうな声を上げては、褒め続ける。

コーヒーと私の声で少しずつしゃきっとしてきた父に、「これからもお母さんと離れたくないでしょ」と切り出す。

「そりゃそうですよ」

父のトーンが変わり、おどける。

「この家に一人住むのと、お母さんと町のマンションに引っ越すのと、本当はどっちがいいの？」

「町のマンション」

「この家を売ってもいいのね」

「いい、なんの未練もなし」

「その気持ち変わらない？」

「なんで」

「不動産屋さんが確認に来るから」

父の眉毛がピクリと動いた。そこに事の重大さを理解してない母が「ねぇ、お父さん疲れてるから、もういいでしょ」と、待ち構えていたように「あなた、早く体操しないと寝る時間が遅くなるわよ」といつものように父をリビングに立たせ、ラジオ体操を始めた。

ああ、助かった。そのすきに、階下の布団を敷いた部屋に戻ったが、明日のことを考えると眠れない。

体調にむらのある父に司法書士のサポートは必須だ。どうかうまくいきますように。

いよいよ面談の朝が来た。朝ごはんを食べ終えた父に再びへばりつき、父の生い立ちやら、東京で就職し、母と見合い結婚したことなど、これまでの人生について何を聞かれてもつっけんどんにならないよう、おさらいして総仕上げにかかる。

時間通りにソプラノ社長が連れてきた司法書士は柔和な印象の女性だった。お気に入りのソファに腰掛けた父は、二人の女性に囲まれ、満更でもない様子だった。司法書士は父に家族構成などを尋ねた後、肝心の質問を向けた。

「こんな素晴らしい家を売るのは、お父様ご自身のお考えですか?」

きた! どうか、変なこと言わないでよと私は手を合わせる。

すると父は体を向き直し、私の顔を見てはっきり言った。

「そうです。私はここを売って、家内と町のマンションに引っ越す。そう決めたんです」

やった、ホームランが放たれた。

問われたことへは全て過不足なくきちんと答えた父。拍手喝采である。

ソプラノ社長はお父さん、上出来です! と満面の笑みだ。皆が束になって褒めちぎるので、父も照れていた。事情を話していた遠方に住む妹も「さすがお父さん、ありがとう！」と、泣き笑いマーク添えでメッセージを送ってきた。

司法書士はこの面談により、父に売却の意思があると認定。これによって万が一父が寝込んだり入院しても決済は進められる。

さらにダブル保全で、母は「売買代理受任者」となり、父に何かあった時、代わりに決済の場に立ち会い、書類の補正、お金の確認などをすることとなった。司法書士が用意した書類に署名し、全ての不安材料は払拭された。

高齢となって不動産を売却することは、たくさんのリスクがつきまとう。両親の家を売却しつつ、思い知らされると同時に、我が身を振り返ったことだった。

高齢、認知症でも家を売る道

親の家の売却に関わってからというもの、同じような立場の人から意見を求められることも増えた。高齢になった親の家を売る段階で、初めて難問に直面し、困っている。

相談を受ける内容で最も多いのが、親の老いに伴う「売りたくても売れない」問題だ。記憶力は曖昧になるし、認知症になると一般的に判断力、認知力がないから法律行為（契約ごと）はできないとされている。

認知症といっても、日常生活が送れる人、突然、頭脳明晰になり、普通に戻るなど、症状がまだらに出るなど人それぞれだ。

友人の父親もそうだった。中度の認知症でさっき食事をしたことや、家の住所は忘れても、通帳や印鑑の場所は忘れないし、定期的に銀行に記帳にも出かけるという。

「父親の認知症が進行する前に、父親所有のアパートを売って、いずれ必要となる親の介護や施設の費用を作ろうと思ってる」と、かねてから友人は話していた。

ところが、正直に父親の症状まで告げ、不動産業者に販売を依頼すると、成年後見人はいらっしゃいますか、から始まる質問攻め。挙げ句、当社では売却はできないと何軒もの業者から断られたそうだ。

だが、認知症になっても「売れない」わけではない。あとは不動産業者や司法書士によって判断が分かれてゆく。裁判の判例を見ると取り引きを認められたケースもあり、まさにケースバイケースだ。

それればかりでなく、中継ぎをする士業の先生や、不動産業者の裁量によるところも大きく、言葉は不適切だが、運頼みと言えなくもない。

四人に一人が認知症になる時代に突入した今、もっと国が主体となって老いたり認知症になっても家族が銀行の預金を下ろせたり、通帳を解約したり、資産を介護のため、生活のためにスムーズに運用できる打開策を作ってくれないものかと思う。


こんなケースもある。

知り合いの不動産屋さんは、高齢のお客さんの土地を預かり、依頼どおりに買い手を見つけ、契約の目処を立てた。横やりが入ったのはその直後で、息子夫婦が母親は認知症で判断能力がない、契約しても無効にすると騒いだのだ。

軽い認知症の母親は土地を売ったお金で元気なうちに妹と二人、気候の良い沖縄の老人ホームに入所しようとしていた。

ところが「母のものは俺たちのもの」と強欲な息子たちは相続を邪魔されたくないと立ちはだかった。そう来るだろうと予想していた不動産屋さんは、先回りしてビデオ撮影をし、本人がはっきり売りたいと表明する姿を撮っておいた。売主に自らの住所、年齢、氏名を言ってもらい、なぜ売りたいのか、売ったお金をどうしたいのかと、完璧な質問に沿ってビデオを回したのだった。

しかも、売却の相談を受けてすぐと、購入申し込みが入った後と、二度にわたって撮影した。それを司法書士にも見せておいた。

「億単位の土地ですから、契約になったら絶対に親族が文句を言ってきてもめると思い、証拠を固めておいたのです」

不動産屋さんの読み通り息子夫婦、及び弁護士はそのビデオを突きつけると最終的に引き下がったという。

もう一つ、志ある士業の人が高齢者の不動産売却を手伝った事例も記しておきたい。

脳溢血で倒れ、重篤となった高齢者女性の話だ。倒れる前、家族のいないこの女性は、長年自身が身を置き、活動してきた子ども食堂に、自宅を売ってそのお金をすべて寄附したいと税理士に相談していた。

集まってくる子どもたちを食べさせ、見守ってきた発起人として、自分亡き後も子どもたちを受け入れ、支えてほしい。家はすぐに買い手がついたが、点滴で命をつなぐほど衰弱していた女性は、ペンを持つ力もない。

そこでこの税理士は、司法書士を呼び、枕元で女性に質問し、売却意思を聞き取ってもらったという。それを遺言書にして署名させ、女性の望みどおりに家を売って指定の子ども食堂に寄附をした。

署名する時、税理士は震える女性の手を支えたという。

「人をだますためではなく、この人の意志を遺すためだ」

その話を聞き、運営苦労を知るボランティアたちは皆、彼女の意志をよく繋いでくれたと喜んだという。

ルールがありそうで、抜け道もある。当事者になって直面しないと何が起きるか分からないのが、高齢者の不動産売却だろう。

そして、障害を解決できるかどうかは、担当する不動産業者、士業の方々の技量と人生観によるところが大きい。

普段、仕事や確定申告でお世話になっている税理士には提携している司法書士や弁護士がいるかもしれない。また、役所の住宅対策課でも、司法書士や宅地建物取引士が相談にのってくれる。相談は時間のある時、早めに動くに越したことはない。

身内がカバーできない分野で話を聞き、知恵や助言をくれる人に出会えたら、私はまず小さな仕事から依頼してみることにしている。そうすることで、人柄や仕事の良し悪しも分かる。

60代ともなると、頼れる医者と士業の情報は喉から手が出るほど欲しいものだ。私も家じまいの中で知り得た情報や人脈は、必要な人に手渡していきたいと思う。

2021年12月　長崎

8 住み替えの不安を払拭するために

新しい町で両親を支える人がほしい

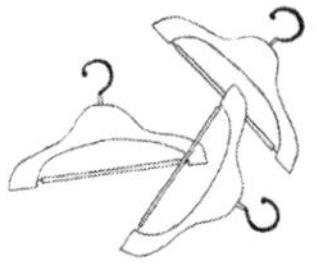

引っ越し業者を決め、ソプラノ社長に出会った年末に話は戻る。

新しい町に住んだら、さらに母をサポートする体制を整えなければと思っていた。90代手前でガラリと住環境が変わることは、高齢者には負担が大きい。体調を崩したり、これまでできていたことができなくなることも心配だった。

また、郊外とはいえ、これまでは美味しいものをおすそ分けしてくれる親戚や顔馴染みのご近所さんにも囲まれていた。便利な町のマンションに引っ越すことは、作り上げた人間関係を手放すことだ。日常的な困りごとがおきた場合、すぐに相談できる人がいない心細さをどう解決するのか。

介護認定を取得している父には、すでにケアマネージャー通称ケアマネがついていた。ケアマネとは、要支援、要介護の認定を取った人やその家族に寄り添い、デイサービスなどの施設を紹介したり、家に手すりをつける手配など、介護全般をサポートしてくれる専門家である。

施設や病院と連携を取り、刻一刻と変化する高齢者の状況に対応策を考えてくれるし、かかる費用も計算して教えてくれる。介護についてはなんでも知っているし、困ったときは助けてくれる医師や、看護師にも負けない専門性の高い職業ということは付き合うとよく分かる。

だが、傍から見ていると、母は用のある時だけケアマネさんに連絡しているようで、問題が発生しても一人で抱え込んでいる。

親戚や友人にも本当にきついこと、困ったことを相談していない様子。人に弱り果てた姿を見せられないとしたら、見守ってくれるプロは絶対必要だと思った。

マンションの話が持ち上がる前、ドライブに連れ出した父が下腹を押さえて歩いていた。いつもの神経痛かと思ったら、痛み止めも効かず、最後は歩きたくないとベンチに座り込んでいる。それでも母は神経痛でしょうと、帰宅しても寝る前の体操をさせていた。神経痛の痛がり方とは全く違うと思った私は、病院に連れて行こうと母を説得する形となった。

結果は脱腸。手術を受け何事もなく治まったが、私がいなければ、しばらくは神経痛の薬だけでやり過ごしていたかもしれない。

ある時、東京に戻る支度をしていると、掃除をしていた母が「もう、誰も代わってくれない」と階下の私に届くような大きな声で言った。ギョッとして見に行くと、黙々と掃除をしている。私が帰ることで父の世話が不安になったのだろうか。母のことが心底心配になった。

また、ある時は、「身内以外は私たちを助けられない」と嘆いた。友人、知人らが母の困りごとをよく助けてくれていたのに、なぜ身内、他人と線引きするのか。

今は引っ越しを先導して親と密に過ごしているが、私が東京に暮らす限り、支援するにも限度がある。これからは他人であろうと、ケアマネさんやデイサービスの職員さんなどプロの手を借りていかないと、母が成り立たなくなる。

これまでのケアマネさんにもお世話になったが、親の高齢化とともに、困りごとの質も変わってくる。引っ越しを機に、もっと、町の生活事情に精通した、アクティブに動き、母をリードしてくれる人が必要だ。ケアマネさんを切り替えるなら、できるだけ早い方がいいと思った。

ところが母は、なぜ新しいケアマネを探す必要があるのか、今のままでいいんじゃないか。とりたてて用もないしと言う。実際のところケアマネが何をしてくれる人なのか、よく分かっていないのだ。

両親の生活と向き合ってみれば、もっと、いろんな公的サービスが受けられるだろうということは、私にも想像がついた。それなのに二人で孤軍奮闘している。ここに風穴を開けたい。

父のデイサービスも引っ越すマンションの近くに変更するのだろうし、「町に詳しい人がいいよ」と、何度も言ううち最後は母も同意した。

そうはいっても私自身、介護まわりの知識は皆無。ケアマネを見つけ、変更する方法もよく分かっていない、どうするか。

疲れた頭を休めるため、工事中のマンションを見に行こうと周辺の商店街をぶらぶら歩いていると、「地域包括支援センター」「在宅介護」の看板が目に止まった。もしかしたらケアマネさんの情報が得られるかもと思い、アポ無しで飛び込んでみた。

「地域包括支援センター」とは、介護を受けている高齢者やその家族を対象に、在宅介護や福祉・保健全般に関する相談を受け付ける機関だ。最後まで自宅で生活することを掲げる「地域包括ケア」の中枢で、住み慣れた地域で生活を継続できるよう、介護全般について関係機関との連絡や調整をするところらしい。

対応してくれた小学校の先生のような優しい話し方をする女性職員にドギマギしながら、高齢の両親が郊外からこの地域に引っ越すこと。母は父の世話で疲弊しているので、町の事情にも詳しい新たなケアマネを探していて、私が長崎にいる間にできれば面談したい。頼み下手な母は、すんなり助けを求めないかもしれないけれど、それも含めて分かってくれる人を紹介してもらえないかと一気に話した。

「ご事情は分かりました。ただ、年末ですから、少しお時間下さい」と、その職員さんは言った。動いてくれるのかと案ずる私に、やおら、手元の居宅介護支援事業所のリストを見せた。そしてケアマネは通常このリストから探すのですが……と、あわやバトンを渡されそうになった。

慌てて「知識がない自分に探すなど無理です。職員さんの見立てでどなたか推薦して下さい」と、最後はペコペコ頭を下げて退出した。

年の瀬で忙しいだろうに、突然飛び込んだこちらの話をきちんと聞いてくれた。あの人に任せてみたい。確かなキャリアのある人のようだったが、果たして動いてくれるだろうか。

新しいケアマネさんが決まる

期せずして、その日の夕方、女性職員さんから連絡があり、さっそくケアマネと責任者を明日面談に伺わせますが、いかがですかと問われた。このスピード感に驚く。今日の話を総括して選んでくれたようだった。

早々に母に報告すると、「お父さんとウマが合うかなぁ」と、面談する前からケアマネさんと父との相性を案じている。

翌日、事業所の責任者の方が、ケアマネさんを連れて来られたが、肝心の父は今度は何が始まるのかと、ピリピリ警戒モード。40代くらいのケアマネさんが雑談をしようとしてもいぶかしがり、「ええ、まあ」「いや、分かりません」など、ことごとく会話を遮っている。余りに申し訳なく、別な人を紹介してもらうことにした。

それにしても年の瀬に訪問してくれたり、電話で話を聞いてくれたりと、高齢者を相手に仕事をする人たちは、困っている人を見捨てない。無礼な態度をものともせず、やるべきことを粛々と進めてゆく。

新年を迎え、早々に職員さんから電話があり、新たなケアマネさんの名があがった。こちらは東京にいるため、面談がわりに電話をさせてほしいとお願いした。後日、仕事が終わった夜半に、新たなケアマネさんと電話で話したが、こんな遅い時間に連絡が取れることも助かると思った。失礼千万ながら、ケアマネになった経緯など、ざっくばらんにいろんなことを伺った。何でも話せる垣根の低さも心地良かった。母は頼みベタですが大丈夫ですかと問うと、「ご担当させて頂きましたら、かかりつけ医やデイサービスの担当者とも連携して、チームで必要なことを提供していきたいと思ってます」と言ってくれた。気安さもあるが、筋の通ったシャープさが心に残り、一度会ってみてほしいと母につないだ。

面談では、ご機嫌な父のテンションに母は面食らったようだったが、父が心を開いたことが安心材料となり、お願いすることになった。

東京から電話でやり取りしたのみで会ったこともないケアマネさんだったが、電話やメールで深刻な相談もさせてもらった。

母親に受けてほしい支援のことで、もめそうになった時は、「私がお母さんとの間に立って、それとなく娘さんの意見をお伝えします。それもケアマネの仕事ですから」と、上手に立ち回ってくれた。

新しいケアマネさんとのやりとりが始まった直後、片付けのストレスからか、母が急に約束の日にちや時間を取り違えるようになった。

「何でも消えるの」が電話での口ぐせとなり、まさか、認知症ではと慌ててケアマネさんに相談したところ、脳外科で脳のＭＲＩを撮りましょうとなった。そして今後のために父だけでなく母も介護保険を申請した方がいいと言う。

理由は2つ。認定されれば母に対してもいろんなサービスがつけられること。そして仮に父が体調を崩した時でも、母が介護認定を取っていれば、介護施設の短期入所生活介護（ショートステイ）を利用して何日か施設に泊まることもできる。

「お母さんはお父さんのこと大好きじゃないですか。いざというときのためにも、一緒にいられるように申請された方が、私はいいと思います」

ケアマネさんは核心をついてくる。父と一緒にいるため――これも立派な判断理由だ。

確かに母にとって父は命。習っているピアノの発表会でも父のために「愛の讃歌」を演奏した。父が脱腸の手術を受けた時も、家からタクシーで通える距離なのに、わざわざ大学病院近くのホテルを取って、ずっと手術する父の近くに待機していた。今回のマンションへの引っ越しも、もとはといえば、施設などの世話にならず、父とずっと一緒に暮らせる環境づくりが土台にあったのだ。

ところが、ケアマネさんのこの提案に、「介護認定なんて必要ないわよ」と、母は頑固に申請を拒んだ。

「何でも消える」と「私は大丈夫」の間で揺らぐ母の中には、「要支援」が人に知られたら恥ずかしいという気持ちもあったようだ。だが、申請は受理されるまで時間がかかる。何かあった時のためにすぐに手続きするべきだと思われ、最後は「保険に入ると思って私を安心させてほしい」と説得し、母はわかったと折れた。

脳外科医と認知症の専門医が診察した結果、母の認知症の疑いは消えた。嘘かまことか、「私の脳ミソは年齢よりずっと若いんですって」と、忘れっぽさを打ち消すように、母はしばらく自慢していた。

要支援1が認定されたのはその1ヶ月後であった。

母が本当にヘルプしてほしいことは

バイタリティのあるケアマネさんが両親についたことは、私にとっても心強かった。疲れから母の両脚にヘルペスが出た時も、「お父さんのデイサービスを増やしましょう」「食事をご自分で作らず、手作り弁当に代えませんか」とピンポイントで手配してくれた。

また、体調を崩し、母がかかりつけ医を受診する時は、あらかじめ病院に母の様子を伝え、してほしい検査内容も家族に代わって話してくれる。

考えてみれば、これまで、母の様子は私が電話をしたり、実際に会って確かめるか、ピアノの訪問レッスンに通ってくれる友人に尋ねるしかなかった。それが要支援を取ったことで、ケアマネさんを通して医師の見解を聞くこともできるようになった。

これからは何かあっても、東京からケアマネさんに連絡すれば何とかなると思えた。引っ越し後の住民票、介護保険などの切り替えもケアマネさんが両親を連れて市役所の窓口を回り、一緒に手続きをしてくれた。わざわざ長崎に行けないし困っていた矢先のことで、こんなことまでしてくれるのかと安堵した。

ケアマネさんの一件が落ち着くと、定期的に訪問して生活面を支えてくれるヘルパーさんも探してもらおうと思った。まず、今の家の引っ越し準備を手伝ってもらい、引っ越し後はマンションに通って片付けを手伝ってもらう。家事のサポート以上に、定期的に家に入り、両親の暮らしぶりを見てくれる人がほしかったのだ。

母と波長の合いそうな、なるべく若い人を探してほしいとケアマネさんに頼んだ。まずは週に1回1時間からと。

ところが、ヘルパーさん業界も人手不足のようで、数ヶ月待って、夏の始めにやっと40代の快活な女性が我が家にやって来てくれた。母からすれば娘のような感覚だろうか。それならなおのこと良い。

ヘルパーさんのおかげで冷蔵庫に巣くう賞味期限切れのものは次々と処分され、帰省しても古い食品を見ることは少なくなった。

また、電化製品から洗剤の使い方まで取扱説明書を読んで、その用途も教えてくれるらしい。母に必要なのは、掃除や買い物代行より、日常の分からないことを噛み砕いて解明してくれる人なのかもしれない。

引っ越し準備をしていたら、脱衣所の一角に使いかけのお掃除用洗剤がズラリと並んでいた。「セスキ」「クレンザー」など、それぞれに商品名と用途を書いた大きなシールが貼ってある。何に使う洗剤かわからないと困り果てた母が、ヘルパーさんに整理してもらったそうだ。

「これでよし。引っ越し前に全部わかってスッキリしたよ」と母。

この忙しい時に、わざわざ洗剤の整理を頼まなくてもいいのに。片付けがなかなか進まないと、ヘルパーさんも焦っていたが、母にとっては引っ越し準備より洗剤の解明が優先課題だったのか。

望むサポートは、これだけ近づいてもなかなか見えないものだ。

イザという時のためのサ高住見学

引っ越しまであと3ヶ月。準備も兼ねて帰省する。

購入したのが中古マンションであれば契約してすぐに引っ越しができた。うらめしいのは、手付金を入れて引き渡しまで新築ゆえ1年以上も待たねばならなかったことだ。

若ければ何のこともないが、高齢者の老いるスピードは、1年単位で全く違う。「あの時はできた」けど、「今はできない」ことが倍々で増えてくる。

父のかかりつけ医を訪ね、今の父の状態での引っ越しをどう思うか尋ねたところ、「住環境の変化によってストレスがかかり、老化が進むこともある。今まで維持されてきた同じパターンの暮らしが引っ越しで刷新されるからです。人それぞれだから、こればっかりはどう出るか分かりませんが……」と、奥歯にものが挟まった言い方をされてた。

やはりこの引っ越しは賭けのようなもの。医師ですら何が起きるかわからない。万が一、引っ越し後に父の行動があやふやになれば、母はより大変になる。不安を数え上げてもしょうがないと思っていたら、父が玄関を開けてゴミを捨てに出て行った。その後ろ姿を見ているだけで、マンションに移ったらオートロックに難儀して、ゴミも捨てられないのではと案じた。

万が一、引っ越し後にやっぱり元の家が良かったと言い出したら、その時考えればいいと自分に言い聞かせるも、胸中は複雑である。

悩む私に新しいケアマネさんからは、マンションを購入するのではなく、サービス付き高齢者向け住宅（以後、サ高住）への入居はどうかと提案された。サ高住とは自立して生活できる高齢者を対象にした、バリアフリー住宅で、安否確認や見守りなど様々なサービスが付く集合住宅だ。担当になられた直後だったし、すでにマンションを契約済みと知らなかったようで、軽率だったとすぐに撤回されたが。

確かに引っ越し先がサ高住なら家族としては安心だが、高齢者施設に全く関心のない母が立地も含めて気に入っているあのマンションを諦め、サ高住を選ぶことなど今は考えられない。

それでも二人の年齢を考えると、転ばぬ先の杖だ。今後のために長崎の介護付き老人ホームが併設されたサ高住を見ておきたいと思った。ケアマネさんに紹介してもらったグレードの高いとされるサ高住とはどんな所だろうか。

すでに東京では、自分の老後のためにと（家好きの血も騒ぎ）、介護付き老人ホーム、サ高住をいくつか見学していた。海の近くのリゾートホテルのような施設で、誰にも気兼ねせずに安心して老いたいというのが、私の夢の一つであった。

そんな私も長崎の事情はよく分からなかったが、ネットで調べる限りは、東京よりずっとバリエーションが少ないと見た。人口や平均年収の差は高齢者施設にも反映するのだろうか。

訪ねたサ高住は観光ホテルのように小綺麗な外観。展望レストランからは長崎の街が見渡せた。だが、東京で見た介護付き老人ホームより、規模も設備もこぢんまりとしている上、人の気配を感じない。「高級感溢れる」と説明を受けていたが、こちらの期待が大き過ぎたのだろうか。

敷地内には介護付き老人ホームも併設されている。そちらを見学する気になれなかったのは、前に嫌がる父を引っ張って行った、ショートステイ施設の一件が頭に浮かんだからだ。「こんな所には用がない」と騒がれたら紹介してくれたケアマネさんの顔を潰すことになる。

誰もいないダイニングルームを見て、人の気配のない廊下を歩いていると突然、商店街の喧騒とそこを歩く両親の姿がフラッシュバックした。

そうか。あの商店と人に根ざした活気ある生活がここにはないのだ。建物はそれなりなのだが、二人が目指しているのは、苦労があっても自分たちで補い合って今まで通りの生活を続けることなのだ。老後は老人ホームで安心安全なエンジョイライフをと夢想する私も、何かに引き戻されたようだった。

ここにまとまったお金を投入するのなら、二人はマンションで新たな暮らしに挑んだほうがいい。今進めている住み替えは間違っていないと、施設見学に来て初めて確信が持てた。

今後、お世話になる時も来るだろうが、それはもっと違うステージになった時、今ではない。その時になったら、気持ちを新たに、ここだと思える施設を探せばいい。

「眺めのいいとこだねえ、ここに誰が住むの」とキョロキョロしながら先を歩く父が振り返って聞いてきた。面倒なので「……私かな」と答えた。

すると、「ほう、お前は長崎に帰ってくるのか」と驚き、「その時はお父さんがここに遊びにきてやるぞ」と私の肩を叩いて笑った。

9 何でも売ってみる「家じまい」

まず家具、家電と大物を売る

両親の家は大きな二世帯住宅だったが、主たる整理と処分にかけた期間はわずか一週間ほどだった。希望通りに短期決戦で終えることができたのは、プロの力を借り、ひたすら不用品を売りまくったからだろう。

片付けのために東京〜長崎間を何度も往復したくなかったし、他にも解決すべき問題が山積していたため、短期間で終える道を模索したのだった。

マンション建設工事も佳境を迎え、青テントの内側では各住戸の内装工事も進んでいると、道端に立って見ている家族が話していた。ぐずぐずしてはおられない。

住み替えの話が決定的になった時、この大きな家に潜む大量のモノとどう格闘すべきか、身のすくむような思いだった。

3階建ての親の家は、はしご付きの広い物置が屋内にあり、お勝手口の横には鍬などの農具や保存瓶、樽をしまっておく物置がある。それ以外に長い廊下の端から端まで設計された押し入れには寝具、着物が大量に残されていた。

地方の家では決して珍しくない、建坪に目いっぱい建築した家は、とにかく収納の館なのだ。

最大の案件は床面積を占める大型家具だった。婚礼タンス、ソファ、ベッド、ダイニングテーブル、座卓など。重たくて、場所をとり、今では敬遠される昭和の家具だ。捨てるにしても相当な費用がかかるだろう。マンションの申し込みをした時から、この悩みは私の前に立ちはだかっていた。

これを一気に解決したのが前述した引っ越し屋の社長だった。「いらないものは全部置いていって下さい。うちで処分しますから」と、高額な処分費用を覚悟していた私は、本当にこれで済むのかという見積もりをもらい、心から安堵した。

さらに親の家を売却してくれた不動産会社のソプラノ社長からは、「うちはリサイクル事業もやってますから、家具や家電は買い取りしますよ」と、嬉しいお申し出を頂いていた。そうはいっても、使い古した昭和の家具だ。値段がつくはずもないと躊躇していると、社長の秘書さんが「どれでも聞いてみてください」と本気のよう。言葉に甘えて、家の中の目に付くものの買い取り価格を片っ端から聞いてみた。

すると、スライド式本棚が2000円、古い木箱も500円、物置の錆びたアイアン棚は一つ500円と値が付いてゆくではないか。

「えっ、本当に買ってくれるんですか？　私などタダでもいらないこんなものをどうするんですか」

と尋ねると、秘書さんは首を振った。

「とんでもない。安普請でもカラーボックス、アイアンの棚、ミニ冷蔵庫などは、4年で引っ越す大学生や独身サラリーマンに需要がある人気商品なんですよ」と、教えてくれた。

つまり、ワンルームマンションに収まる、使い勝手の良い冷蔵庫などの白物家電や収納は、状態が良ければ中古でもいいそうだ。逆にどうにもならないのが婚礼タンスなど大型家具らしい。

ともかく後で言った言わないにならないよう、決定した価格を付せん紙に書いてその場で貼っていく。もう嬉しさで手が震えた。

買い取ったものはすべてリサイクルショップで販売するらしいが、処分費用はかからない上、母の「もったいない、誰かに使ってもらいたい」という願いも叶い、現金も入る。

こうして捨てる家具や家電の3割ほどが商談成立と、願ったり叶ったりとなった。

引き取りは引っ越しが終わって1ヶ月後としてもらった。高齢の両親が、マンションに住む前から全ての家具をいる、いらないと選択することは難しい。

手順としては、まず必要なものだけをマンションへ運び込み、約1ヶ月マンションで生活しながら不要なものを家に戻したり、必要なものを取りに行ったりと、いわば逡巡する期間を設け、最終的に買い取り、もしくは処分してもらおうという案でまとまった。

着物、専門書、古道具は専門業者が一番

タダでもいらない家具が次々と売れた経験に味をしめた私は、ほうぼうの専門業者にも電話を入れてみた。

家にあるものは大別すると、前の家から持ってきた「なだれもの」。亡くなった祖父母から譲り受けた「思い出のもの」。そして今現在使っている「現役」の3つだった。

現役以外は、ほとんどが押し入れや棚の奥に押し込まれた、年に一度使うかどうかのストックだ。

例をあげると――

・合宿でもできそうな大量の寝具類（娘、孫が泊まりに来た時のため）
・料亭でもできそうな、きらびやかな食器類（同じく娘、孫たちが来た時のため）
・お雛様、木目込人形などの飾り物（孫かひ孫にいつか譲りたいため）

これらが、ずっと眠り続けていた不用品の代表選手で、母もあきらめた、この先必要のないものだ。売って全部家から掃き出さなければ家財整理が進まない。

まず、桐ダンスに50着ほど眠っていた古い着物を引っぱり出した。すべやかな正絹の訪問着、留袖、大島紬など特注で仕立てた値打ち品と大量の帯がどれほどあるのかと、廊下にうずたかく積み上げた。なだれが起きそうなボリュームだ。

たまたま居合わせた不動産会社のソプラノ社長が古い着物の買い取りもするところだったので、「買ってもらえませんか」とストレートに持ちかけてみた。

「うちは高くないですよ」と言いながらも、「古い帯は外国人観光客がタペストリーやテーブルランナーにリメイクするから人気なんです」とじっと見ている。

ここぞとばかり、さらにタンスに眠る帯の束を引きずり出し、全部買い取って下さいと迫った。「売れるかなあ」と言いつつも、たくさんの着物を買い取ってくれた上、古い帯の金額もつけてくれた。

すぐにソプラノ社長の会社の若い衆が引き取りに来て、玄関に積み上げておいた着物と帯の山をごっそり、丸ごと持ち帰ってくれた。ああすっきり、何という快感か。

母に受け取ったお金を渡すと、しんみりと「おばあちゃんに仕立ててもらった訪問着も全部無くなった。でも、誰かが使ってくれるから、これでいい」と、愛する着物たちとの別れを飲み込んだようだった。

次にお呼びしたのは、母が生まれ育った町にある昔ながらの古美術店の女主人だった。

女主人は老舗料亭の女将のような貫禄がある。実はこの方の古美術店に私は幾度となく立ち寄り、骨董品を求めていた。祖父母から受け継いだものがあの店に並べば、価値の分かる人の手に渡るだろうという期待もあった。

物置にひしめく掛け軸、日本画、翡翠の玉、壺、陶芸など、金目(と思えるもの)をあらかじめ和室いっぱいに並べておいたが、「この翡翠は中国に行けば量産されていますからねぇ。この絵は○○先生のものでも、数が出回ってますし……」と素人の私にはさっぱりな会話が向けられる。どうも値段はつきそうにない。

この際、金額より、得体のしれない大量の掛け軸、諸々をまとめて持ち帰ってほしいと、タンスの奥から更に引っ張り出し、広げて見せた。ゴミにするよりプロの手に委ねた方が救われる。

女主人は、一つひとつ丁寧に眺めていたが、その中に人気の掛け軸を見つけたようだった。母が慌てて持ってきた木目込みのひな人形も「いいお顔ですね。衣装に虫食いもないいし、保存状態がいいですね」と感心していらした。

その言葉に母も慰められた。

女主人はわかりました、掛け軸も全部持っていきましょうと腰を上げ、段ボールに詰め込むと、折り合った金額のお金を財布から出した。

掛け軸の巣窟は空となり、一部の壺や屏風だけが物置に残された。


余談だが、その中に厳重にも紐で縛られた怪しい段ボールがあった。こじあけてみると、年季の入った父のコイン収蔵アルバムが詰められていた。

几帳面な父らしく、買った年や国も記した透明のビニールポケットに古銭や古い紙幣が並んでいる。中にはエリザベス女王らしきもの、メーカーの招待旅行で手に入れた中国の記念硬貨もある。

廊下に出しておいたら「何だこんなもの、まだあったのか」と父にも、母からも好きにしてと、半ば押し付けられた形で町に売りに行くはめになった。

もちろん私は古銭の価値など全く分からぬど素人だ。道すがら、友人が父親からもらった「威豊通寶背一百」（かんぽうつうほうはいひゃく）とかいう古銭が30万円になったという話を思い出した。自分を奮い立たせ「古銭高く買い取ります！」とネット広告に出ていた店にバスで向かった。

アルバムを広げると「ずいぶんご熱心に集めたんですね」と、査定するおやじさんに鼻で笑われた、気がした。多分、価値のないものだろう。

半ばあきらめていると、いくつかのコインに手を伸ばし、これなら1万円で買ってもいいといわれた。その金額が適正なのか、足元を見られているのか分からない。ちゃんとネットで調べてくれれば良かったが、そんな暇はない。

「嫌ならいいですよ」と偉そうなおやじさん。正直ムッとしたが、この重たいファイルを何とかしたかった私は承諾した。

残りのコインは東京に持ち帰り、約2時間という地獄のように長い鑑定をくぐりぬけ、10万円少々で引き取ってもらった。

これは後で知ったことだが、錆びた古い硬貨でも「円」が付いているものは100%銀行で換金できて、そのままのお金が受け取れる。五萬円なら5万円の現金となる。一方、「圓」（えん）の付く硬貨は不可だという。

「今の80代、90代男性の若い時分は、切手やコインの収集が流行った。今のポケモンカードのようなものです」

東京で知り合った買い取り業者さんの話を聞き、しまった、長崎で売った硬貨は「円」だったかもとざわついたが、後の祭りだ。

着物や絵と違って、古銭や古紙幣は1日も早くどこかにやってしまいたいと躍起になった。趣味性の強い古いものは、最後は押し付け合いになることも学んだ。すべては勉強だ。


さて、自分の大切にしてきたものを必要な人に手渡したいという母の思いは、本にも顕著に現れていた。

昔から本を大切にしてきた母は、戦後まもなく出版された文学全集や写真集、長崎の郷土史に関する本を、天井まで届く本棚に保管していた。戦争、世界平和、沖縄、女性の権利、公害、差別が主なテーマで図書館のようでもある。

このラインナップはブックオフでは無理だと思い、本好きの友人が紹介してくれた郷土史を扱う古書店の店長に来てもらった。

じっと本棚を眺める店長に固唾をのむ母。「貴重な本ばかりで、ただ、捨てるには惜しくて……」店長の反応を確かめるように話しかける。手放していく本は辛い時、淋しい時、傍らにあって母を支えてきた心の友だ。

「これも在庫あるしなあ」と言いながらも、全巻揃っている郷土史全集を引き取りますと、傾向の近い本をすべて買ってくれた。正直、普通の古書店では難しかっただろう。店長は母が大切にしていた本の著者や書いてある内容にも通じており、母も心底嬉しそうに言葉を交わしていた。

差し上げるもの、寄付に回す以外の本は、友人と約20箱の段ボール箱に詰めてブックオフに運んだ。車で何往復もしたが、大半は処分となり、受け取ったのは、わずか千数百円だった。

こうして親の家の大物家具は買い取りが決まり、それ以外は専門店に買い取られ、残りは方々へ差し上げるなどして旅立っていった。

家財道具などの売却は自己憐憫と表裏一体だ。大切だったはずのものが、捨てざるを得なくなっているのだ。そして、その無念さを緩和してくれるのがプロの業者だろう。捨てるものに価値を見出し、説明してくれる言葉の一つひとつが心にしみた。

それにしても、本のない本棚、物もまばらな物置。多くを引き取ってもらったことで、家の景色はガラリと変わり、えも言えぬ空気が流れ込んできた。

思うように寄付できない時代

不用品を引き取ってもらえたおかげで、家を片付ける上で必要な、ものの選別がやりやすくなったことはありがたかった。頭を整理するには空っぽの空間を作ることが大切だ。

捨てるものを決めるため、これまで立ちいったことのなかった両親のウォークインクローゼットや押し入れの奥の奥まで、母と点検した。

親子といえど、子どもの頃は禁忌だった場所をしげしげと覗くことは、ちょっと抵抗があるし、この家が近い将来もぬけの殻となり、現役を終えるのだという寂寥感も募る。

そんなセンチメンタルを打ち砕いたのが父の大量の背広、オーバーコート、革靴の類だった。会社役員だった父は、馴染みのテーラーでたくさんのスーツを仕立ててきた。小柄な父の体型にぴったり合わせたものだから、私の周囲でも着れる人は思い当たらない。大き過ぎはまだ多様性があるが、ベルトもワイシャツも、みんな小さい。それがプラスティック収納ケースに、これでもかというほどある。

そもそも、軽くて楽ちんが大好きな高齢者となればスーツもトレンチコートも無用の長物である。バッサリ捨てるしかない、と考えていたところ、ここでもまた母が「いや、もったいない、寄付する」と立ちはだかってきた。

曰く、「まだ殆ど着てない、しかも英国製のカシミアよ。ここはお母さんがやるから触らないでいいわ」

やれやれだ。これまで何度、「ここは私が」と言われたことか。言う通りに手を離すも、しばらく経っても状況は変わらず、そのまま放置されている。理由を聞くと、やることが多くて手が回らないという。

どちらにせよ、早くケリをつけようと、早速、男性用を引き受けそうなほうぼうのボランティア組織に連絡してみた。コロナ禍ということもあり、古着の寄付はどこもお断りと言われる。あるホームレスの支援団体では、「家にいる時間が長くなったせいか、みなさんご自宅の整理をされるようで、不要な衣類が山のように送られてくる。

古着の仕分けに人手を取られ困っているんですよ」と訴えられた。

東京・吉祥寺の私の運営する洋品店では、定期的にいくつかの団体に寄付金を送り続けている。

その中のひとつ、炊き出しなどで山谷の路上生活者を支援する「日本キリスト教団山谷兄弟の家伝道所　まりや食堂」に連絡してみたところ、丁寧に必要なものを教えてくれた。

ダウンなどの外套着、新品の下着、靴下。仕事の面接に来ていけるMサイズ以上のきれいなワイシャツなら受け取れるとのこと。背広に関してはネーム刺繍入りはダメ。バーバリーなどの古びたブランド品より、安普請でも新品の寒さを凌ぐダウン、防寒着が必要とのこと。聞いて良かった。

また、ホームレスや生活保護受給者など生活困窮者の自立支援を行う団体「TENOHASI」では、路上生活をする人たちが必要なのは、衣類はLサイズ、ズボンはウエスト84センチ以上のもの、靴は26・5センチ前後のきれいなものがありがたいらしい。小柄な父は足も小さめで、26・5センチのきれいな靴は運動用シューズも含め、たくさんあった。

また新品であればタオル、石鹸なども歓迎。ただし、寝具は倉庫の場所を取り、収拾がつかなくなるから新品でも引き取り不可という。

これまで寄付を続けてきたベースがあったからか、スムーズに担当者と話すことができたことはありがたかった。

そうときたら善は急げと、母と共に、寄付に該当する衣類や靴や寝具をクローゼットから引っ張り出し、袋に詰め、磨いたり、クリーニングのタグを取ったりして、きれいに箱詰めしていった。

ものを丁寧に扱う母のお陰で、あまり出番のなかった靴やダウンは新品同様である。どうかお役に立てますようにと祈りを込めて毎日のように顔を合わせる宅配便のドライバーさんに渡していった。

物余りの時代に捨てるものはどの家庭も山程あるに違いないし、捨てるには忍びないから寄付したいと思う人も多いだろう。

作業をしつつ、東日本大震災のあと、岩手の陸前高田市の体育館へ大型扇風機を届けに行ったときのことを思い出した。避難所の一角に積もっていた山のような衣類、食品などの寄付品。善意に感謝こそすれ、どの団体も、ものを整理し、管理することにかける労力が悩みのようだったと記憶する。

ものがなかった時代は、お古でも何でも使えるものはありがたく頂いた。今はもらってくれる人を探す時代。価値あるものを、丁寧にきれいに使うことが必要なのだ。

10

一週間でお片付け

「この中から10選んで」——究極の選別大会

空っぽの空間ができるほど、片付いてない場所が宿題のように迫ってきた。
これまでも東京に戻る日は母の机周りを指して、「ここはお母さんしか分からないから、整理しておいてよ」と念を押して別れるが、舞い戻ってみてもほとんど変わっていない。手つかずのままである。
それどころか、机には無惨にもアルバムから剝がされた写真が放置してあった。私が生まれた頃の写真もあるが、アルバムのメモ書きがないからどこで撮ったのかさっぱり分からない。好きな写真を剝がしてアルバムを捨てる。それが母のアルバム整理だと分かり、慌てていくつかのアルバムを東京に送った。

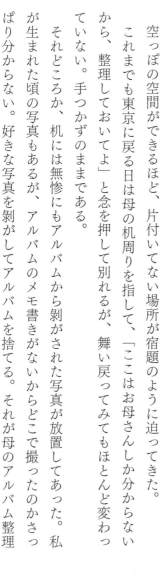

片付けには意欲を失ったように見えた母だが、建ち上がるマンションを見に行くことだけは楽しみのようで、建設中の現場には毎日のように父と出かけていた。町に行けば辛い生活は変わると新天地を仰ぐことで、自分を奮い立たせようとしているようにも見えた。マンションへの引っ越しは、今の母にとって救命ブイにつかまるようなものか。

母を知る人は、お母さんがすっかりやせたと心配している。「片付けなきゃいけないのに、疲れて何もできない」と母は自信を失くし、気弱になっている。

右へならえで父も覇気がなくなった。ものがなくなり歯抜け状態の家は落ち着かないのか。自分の書斎にこもっては、ぼんやりと過ごしている。

「本当に引っ越すのかね。こんないい家があるのに」

父の気持ちを考えると返す言葉もないが、母の希望であり、二人ができるだけ長く一緒に生活できる環境に移るためなのだ。ともかく、今は免疫力が低下している母を支えなくては。

見ていると、母はウォークインクローゼットに入っては、ボーッと立ちすくんでは出る、を繰り返している。ものを前に思考が停止しているのだ。

「そうか、あの中に入るからカオスになるのだ。母をクローゼットや物置に入れてはダメなのだ」と気づいた。

そこで母をソファに座らせて、「私が持ってくるアイテムの中から1つ選んでくれる?」と、ゲームを始めるかのように気分を盛り上げる。

最初は意味がわからずキョトンとしていたが、家中のラグやマットをかき集めてきて一枚選んでと見せると、後ろで見ていた父が「こんな古いマットはいらんだろ。全部捨てなさい」と言った。それにつられ母も「いらない」と答えた。

寝室に飾ってあった水差し、温度計、読書灯、額装した写真や絵、お客さん用の皿や湯のみなど食器類も「アイテムごとに1つ選ぶ」としたが、これも見事に功を奏した。「結婚した時に買ったから持っていく」「水差しは結局使わなかった」と理由を述べて、何を維持して何を捨てるのか、ぐんぐん選別できてゆく。

父の栄光、棚にひしめくゴルフの優勝トロフィーや盾は、父の居ぬ間に「これとこれを2つだけ」と母が独断でチョイス。父に任せたら同じくカオス状態から抜け出せなかったろう。

この「選別ごっこ」は、服にも効果を発揮した。スカート、パンツ、セーター類を今度は10ずつ選んでというと、「これはお父さんと京都に旅行に行った時、古着屋さんで買った着物をほどいて作ったのよ」と、シルクのスカートを愛おしそうに見ている。

「なら持っていけば。スカートはあと5着選べるよ」

話に流されずどんどん進める。まるでお片付けコーチのようだ。

「選別ごっこ」の末、残ったのはコートドレス（着丈を短くしたもの）、ボタンジャケット、インド綿の薄いブラウス、着物をリメイクしたスカート、ワンピース（すべてシルク）他、軽くてふんわりした服ばかりだった。

渋い色は「もう着ない」となり、ブルー、グリーン、ワインレッドときれいな色の服が残った。彩度の高い、きれいな色は、80代の女性を若々しく見せる。英国でもエリザベス女王はじめ高齢者の装いのポイントは「色」であった。

服の選別は両親とも比較的簡単だった。既に父の外套などは寄付に回していたし、かっちりした「よそ行きのトレンチコートや背広」などは袖を通すだけでしんどいと処分組にまわり、どんどん淘汰されていった。

ゴルフをやっていた父のセーターは、私がほとんど英国で買ってきたものだった。太い羊毛のガンジータイプは、すでに方々から引き合いがあったようで、取りに来てもらったり、送ったりした。

保険をかけて日本に送った上等のカシミアセーターはゴルフの勝負服だったらしい。スコットランドの丘陵でゴルフをする男性と猟犬をターシャー編みで仕上げたセーターだ。「誰にもやるものか。死ぬまで着る」と10のうちに入った。名実ともに一生ものの服である。

気がつけば、二人共、ソファに座り、品評会でもするようにお茶を飲みつつ楽しんでいる。

「こりゃ、何だ？　一体どこから持ってきたのか」

私が見せるものにすっとんきょうな声を上げる父。民宿に飾ってあるような、鮭に食らいつく木彫りの熊など、いつ、どこで手に入れたのか、忘れていたものが次々出てくる。

こんなやりとりで引っ越し準備の緊張と疲れもほぐれるのだった。

2022年8月　長崎

食納庫はブロック分けでスピード整理

食器類は追加工事で取り付けたキッチン後ろのカップボード（食器棚）に入るだけでいいと母。どれくらい食器が入るか、パンフレットを見てあらかた見当をつけておいた。

基本は二人暮らしだから、茶碗、湯のみなど日常食器は今使っているものを二つずつ持っていく。悩ましいのはここでもお客さん用の食器だ。茶碗、朝食プレートにもなるディナー皿、汁ものも入るボウル。その先で迷い始めると、「残り2アイテムだよ。取り皿にもなる中皿にしたら？」などと声をかけた。

食器も含めキッチンと食納庫の分類は友人やヘルパーさんにも手伝いを頼んだ。

まずキッチン横の廊下にしつらえた横に広い食納庫には、天井から床まで調味料、米の他に、缶詰、乾物、お茶、ミネラルウォーターが詰め込まれている。ここも母がカオスになっていた場の一つだ。

対象が食品だけに戦争を経験した母は、捨てられないとそのままにしていたのだろう。

そこで棚と棚を区切るよう目印のテープを貼って、食納庫を5つのゾーンに分けた。各ブロックごとに母にいるか、いらないかを尋ねつつ、賞味期限切れのものは、もったいない病の母が居ぬ間にどんどん捨てていった。5つに分割したことで、担当が明確になり、スピードも上がった。

何個も出てくる調味料の中には数年前のものもあった。簡単に買い物に行けない郊外に住む不安から、どうしても買い置きがダブついてしまう。今後、少食となった老夫婦二人、食品は新鮮で栄養のあるものをその都度買い足せばいいのだ。

「古くなってもまだ食べれる」と捨てられない母は、ヘルパーさんと組んでもらった。他人に「捨てましょう」と言われると、イヤとは言いづらい。

また、紙袋や包装紙、ヒモなどの類も後生大事にたくさん保管されていた。「これも捨てときましょうね」とサラリと言ってくれるヘルパーさんの言葉は実にありがたかった。

キッチン用品の鍋釜においては、母の意思がはっきりしていた。小さなルクルーゼの鍋と百均で買った小さなフライパンなど軽い道具だけでいいと、圧力鍋など大きく場所をとるものは全て廃棄となった。疲れるものはもう一切使わないというシンプルな基準だ。

こうして2日ほどでマンションに持っていくキッチン関連のものが固まった。

捨てる作業は、ものを見切ることだ。これには大変な迷いと疲労が伴う。「自分で捨てない」「一人で捨てさせない」は、高齢者家じまいの鉄則だと痛感した。

悲しいかな、処分組の中には私も含め、子どもや孫たちが「お土産」「お誕生日のプレゼント」と贈った品々も相当含まれていた。雑貨店にあるブローチなどアクセサリー系、スカーフ、小さな人形や置物（これはとても多かった）。あまり手紙を書かなくなった母の変化を映すような、かわいい絵ハガキやレターセットの類も大量に残っていた。総じていわゆるファンシーでクラフトチックなものが処分組、もしくはバザー出品組に回ったのだった。

つくづく「老親へのプレゼント」を考え直さねばと思った。齢を重ねた親への贈り物は、否応なしにすべてガラクタに帰すのかもしれない。ホテルから持ち帰った細かな英文文字のアメニティ、シャンプーや化粧品など試供品類も用途が分からないまま放置されていた。

買わない、贈らない。雑貨も装飾品もゆくゆくはゴミとなり、今回のように誰かがその後始末をすることになる。

これからはものではなく、電話をかけたり、手紙を書いたり、食事や映画に誘ったり、時間や経験を共有していく方がいい。それがどんな贈り物にも勝るはずだ。

これも親の家じまいに立ち会わなければ気づかなかったことだ。

家と土地の価格を証明する書類がない

片付けや処分に没頭しながらも、さらに重たい宿題は残ったままだった。

家を売った後、確定申告するための必要書類を探し出さねばならない。この家の土地をいつ、いくらで買ったのか。設計士と取り交わした建築契約書、領収書など建物の価格を証明するものが何も見つからないのだ。よく聞く話だが、まさか我が家でも起きるとは。

几帳面な父は通帳、印鑑、重要書類などを書斎の引き出しに整理するのが趣味で、徹底して仕分けしていた。ところが10年ほど前から徐々に数字に関心がなくなり、領収書、請求書などを放置するうち自分でも収拾がつかなくなったようで、ある時全てを母に任せてしまった。

だが、ずっと父を頼りにしてきた母は、書類管理などやったこともなく、日々のことで精一杯。過去にさかのぼり父から託された書類の山は放置されたままだった。

売却契約を締結する時は「権利書」もないままだったが、制度に助けられた。不動産登記法の改正により、平成18年以降、インターネット経由での登記申請を可能にするため「権利書」と呼んでいた「登記済証」に代わり「登記識別情報」が発行されている。数字やアルファベットの組合せからなる12桁の符号を、不動産ごと、登記名義人となった申請人ごとに定められるのだ。よって権利証がなくても困らずに済んだ。

だが今度はそうはいかない。40年以上も昔に購入したこの土地を、一体いくらで買ったのか、親は忘れてしまっている上、売買契約書も領収書も無い。この家の建築費を示す書類も見当たらず、かろうじて青焼き図面は探し出したが、建築請負契約書など金額を記載したものは一切見当たらないのだ。

母に尋ねても「私はお父さんから引き継いだだけ。昔のことは分からないわ」と逃げていく。

不動産を売却する父と妹は来年確定申告をしなければならず、いくらで建てたか分からないと不利にならないか。あれだけの大金を注ぎ込んで建てた家を、いわば損切りで売却しているのに、この上、課税などされたらかわいそうだ。

あらかた両親がお世話になっている税理士さんにも相談したが、「土地や建物の建築費を証明する書類が何もないとなれば、売却した金額から概算取得費5％と不動産仲介手数料（物件価格（税抜）×3％＋6万円＋消費税）などを引いた金額が利益になります。ご両親は5年以上建てられた家に住まわれていたので長期扱いとなり、利益から約15％の所得税と5％の住民税が課税されることとなりますが……」とおっしゃった。

仮に家を1千万円で売却したとしよう。概算取得費が5％（50万円）と約40万円の仲介手数料を差し引いて、利益が910万円となる。ただし、自宅として住んでいたなら3千万円の特別控除が受けられるから税金は0円だ。

これはあくまで大雑把な計算で、しかも売却金額が1千万円のケースであるが、売却金額を倍々計算していけば、課税対象になるか否かは何となく見えてくる。

うちのケースは微妙である。

「土地を買ったり、家を建てたときの領収書とか、何か証明するものがあればいいんですがね」と税務署でも言われ、困り果ててしまった。

まさか破って捨てることはないだろう。この家のどこかに必ずあるはずだ。

怪しげなのは書斎と物置だ。手つかずのレターケースや引き出し収納がいくつもある。書類もつまっている。そして引っ越しまではあと1ヶ月しかない。

確定申告に使う建物の価格にまつわる証拠書類については、肝心の建築価格が引き出しのノートの間にはさんであるのを見つけた。日付入りの領収書一枚だったが、年月日や金額、工務店名などから推測すると、家の建築費に違いなかった。

また、倉庫のダンボールの中に祖父にまつわる写真や文書をまとめた袋を見つけた。土地の登記簿謄本及び購入代金の入った書類らしきものが、その中から見つかった。パラピン紙もどきの薄茶色の紙に古い書体で売買契約書とある。

今にもパラパラと粉になってしまいそうな契約書をお盆の上にのせた。いずれも両親に確認した上で大事に封筒に入れ、引っ越しの間は私が保管しておいた。

後日税理士に見せたところ、これで申告できますと受け取ってもらい、安堵した。

親の高齢化に伴い、彼らが管理していたはずの大切な書類がなくなった——こうなったら最後、何から手を付けていいか分からないだろう。先祖代々の土地に住み継ぐ人で、いざ売却となっても土地や建物の取得費はおろか、親の通帳や印鑑もないという話はそこら中で聞く。

80代の義父が一人自宅で亡くなった時は、通帳から権利証までタンスの引き出しに一式揃えて残されていた。

几帳面な性格もさることながら、義父一代で建てた家だったからだろう。模範的な逝き方だと親戚のおばさんたちがささやいていた。

いろんな人の話を聞きながら、親が元気なうちに家じまいを加勢したのは、不幸中の幸いだったかもしれないと思った。これで二人の記憶がゼロになったら、さらに煩雑な手続きや作業が伴っただろう。

困ったことに父も母もなぜ建築時の領収書が必要なのか、いくら説明しても理解しない。というより、税金の話になると、「うちなんかに税金の取り立ては絶対に来ない」と、根拠のない自信をふりかざす。このあたりも、相続、家じまいにつきものである。

ともあれ、慌ただしい住み替え準備は、すでに二人のキャパを越えているのだろう。だから私の存在する意味があるのだと、毎日棚や引き出しの書類と格闘するのだった。

2022年8月　長崎

古い通帳、保険証券の処し方

いくら娘に頼んだからといって、自分の大切なものを目の前でかき回されるのは嫌だろうと、書類の仕分けは、父がデイサービスに行っている間に行った。

不動産やお金まわりの書類、昔の通帳など、これはと思うものを、ひとまず段ボールに放り込み、親が寝静まる夜に一気に確認していった。これも30年以上法人経理にあたった経験が生かされた。自分のスキルは家じまいで思わず役立ったのだ。

過去のものか、生きているかも分からない保険書類もズルズル出てきた。

以前は父の考えで契約していた保険だったが、今は監督者不在だ。間違って捨てないよう、気になるものは次々と潰していった。

自宅にかけた長期契約の高額な火災保険証も出てきた。引っ越す旨、書類に記載されている担当者に連絡すると、お金が戻るというので、払い戻しをお願いした。

解約していない古い通帳も残されていた。前に自分の放置していた通帳を調べたら、口座にお金が残っていた。そんな経験から、母と共に銀行の窓口に出向いたら予感的中、万単位のお金が残っていたので、すべて引き出し、通帳を解約した。

生命保険証の中には、私がかつて父から聞いていた、大切な保険と思われるものがあり、その場で母に電話をしてもらった。そのことを共有していたはずの母ははっきり覚えておらず、改めて保険会社に全容を確認すると、私が聞いていた内容と一致した。すぐに担当者に来てもらい、両親に何かあった時のために私とも面通し、連絡先の交換もした。

時折母は「あと10年早かったらもっと楽だったのに」と言ったが、70代はまだ若く、現役意識もみなぎっていた。人生の総決算をする必要性も、老い先を案ずる心細さも両親にはまったくなく、ここまでのことはできなかったろう。

それにしても改めて書斎を整理すると出るわ出るわ、銀行、証券会社、不動産会社、年金事務所からの通知の類。その他「とりあえず取っておこう」の昔の通帳など、その多さに圧倒された。ズル賢い人が悪用せんとも限らない超個人情報である。

全部シュレッダーにかけなくては、と思ったが、母が「昔の通帳？　生ゴミと一緒に捨てればいいのよ」と言う。まさか、そんな危険なとのけぞるも、半端ない通帳の量にお手上げとなり、結局野菜の切れ端やら卵の殻と一緒に生ゴミに混ぜ込んで捨てた。

「おいおい、重いからお父さんが運んでやるよ」父はやけに張り切っているが、中身を知ったら仰天することだろう。

東京ではこうはいかない。何せ、あやしい人が多いから。30袋以上をゴミ捨て場に運ぶ父を見つめ、詐欺に悪用されませんようと祈る思いでゴミ収集車を見送った。


この経験が分岐点となり、重要かもしれないと思って溜め込んできた自分の書類も、いさぎよく片っ端から捨てるようになった。取っておいても絶対に誰か（多分、娘）が同じ不毛の整理地獄に遭うのだ。迷惑千万以外の何物でもない。

「取っておくべきか、捨てていいのか」その逡巡を次世代にバトンタッチしてはならない。単に整理の面倒さを「大切なものだから」「じっくりやる」とごまかしているだけなのだ。

作業中も入居するマンションの間取り図が頭にこびりついていた。小さな家は床面積も狭く、封筒一つ落としても散らかって見える。コンパクトなマンションをすっきり住みこなすためにも、過去と決別するのだ。役所からの通知書、古いパスポート……どれも1年経てばゴミである。

勇気を持って潔く、破り、心置きなく捨てる。
親の片付けが終わったら、今度こそ自分の紙ゴミも総ざらいしようと心に誓った。

11 必要最低限の整理しやすくくつろげる家

マンションに持っていく家具

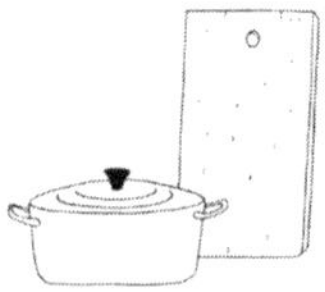

マンションは最終段階の外構工事に入った。親の家での引っ越し準備も大詰めだ。この辺で、家具から衣類まで最終的に持ち込むものを決めないと。

改めて図面を眺めると、2つの居室のウォークインクローゼット、廊下の押入れ半分ほどの物入れ、掃除機がやっと入るリビングの収納、玄関のシューズクローゼットと大きな収納は全部で5ヶ所。今の家の1／10以下だ。広さは60㎡台だが、ものを収める場所は、ほとんどないと考えるべきだろう。

「マンションへは、必要最低限のものしか持っていけない。疎開するように使うものだけ持っていこう」と母に伝えた。

風呂敷一つに大切なものをまとめる気持ちで。

マンションが狭すぎる訳ではないのだが、これまでは体育館のような住まいだった。これを買ったら場所をとるかなど微塵にも考えずに暮らしてきたのだ。コンパクトな家で快適に暮らすには、ものを少なくして、閉塞感を払拭するしかない。

すでに書いた通り、滞在時間がもっとも長いリビングを開放的にするため、変更工事の最初の打ち合わせで寝室とリビングの間の壁を取り払い、3枚引き戸に変更する提案をした。ベッドを整えたら引き戸を開ける。リビングとひと続きにすることで、リビングにいても寝室2面の窓から山並みが望める。

常に風の通り道を確保したい母にとっても、開け閉めできる引き戸はドアより柔軟性がある。

圧迫感がないよう、家具もさらに絞った。まず大切なアップライトピアノ、シャツや下着類を入れる横長のチェスト、テレビを見る時使っていた、それぞれのシングルソファと小机をリビングに。これまで物置台だった天板の両端が折り畳めるバタフライテーブルは、コンパクトな食卓用テーブルとする。

寝室には客用だったシングルベッド2台を、5畳ほどの個室には父の書斎で使っていた机とキャスター付き引き出しだけを入れようと決めた。

すべての家具の配置やそれが収まるか否かの確認は、家のリビングにテープを張って確かめた。「マンションのリビングの広さは、ここからここまでしかないからね」と、テープで囲うと居住面積がグッと縮こまる。今のリビングの4割減だ。そこに母が新聞を切り貼りして作った、テーブル、シングルソファ、小机と原寸大の型紙を並べる。まあ、何とか収まる感じか。かろうじて椅子も引ける。

言葉にこそ出さないが、こんなに狭くなるんだと、母の表情が物語っている。

運び出す家具で最後まで案件となったのが、ガラス扉付き、天井まで届きそうな大きなテレビ台だった。地震恐怖症の私なら絶対に使わないオーク材の重厚なもの。上部にはバカラのグラスと、どこで集めたか分からないぬいぐるみが飾ってある。

母はそれを持っていくと言い張り、私は絶対に入らないからやめようと反対した。それを確かめるには内覧会で実際の住戸を測るしかない。

2022年9月　長崎

マンション完成と内覧会

秋の引っ越しまであと一息の9月、厳しい残暑がダラダラと続く中、待ちわびたマンションがついに完成し、内覧会が始まる。やっと実際の住戸に入れるのだ。

中古派の私にとっても、建設前に申し込んだ人生初の新築マンションとあって、心躍った。両親と決められた時間より早く現地を訪れると、担当のMさんが清々しい表情で待ってらした。

「ついに完成しましたね」と挨拶もそこそこに、全員まだ見ぬ新しい家に期待をはずませている。

ロシアのウクライナ侵攻が始まって半年余り。資材が高騰する中でのマンション建設だ。外構など従来より予算が削られてみみっちくなってないか、などと妙な心配もあったが、ミニマルで楚々としたエントランスの花壇には好感がもてた。

マンションのエレベーターに乗り込む母の期待に輝く瞳と、新世界に足を踏み入れる父の真剣な表情を見ると、人生の壮大なドラマの一場面に立ち会ってるような神聖な気持ちになるのだった。

そういえば、今朝、リビングに立ち、窓の外を見ていた父が突然、朝日に染まるオレンジ色の空と海に向かって「長らくお世話になりました」と手を合わせ、お辞儀した。

じっと微動だにせず目を閉じる父は、いつもと変わらず、海に浮かぶ島々や漁船や養殖の筏と心を合わせているようだった。

父の思いのすべてが凝縮されたその光景を、私は一生忘れないと思った。

「こちらです」とMさんに案内され、初めて入る住戸は、どの部屋からも陽が差し込み、予想通り全ての窓から頂が霞む長崎の山並みが見えた。海ではなく、これからは山を眺めて暮らすのだ。

家具が入る前の部屋は総じて狭いものだよと母には伝えておいたが、想像以上に狭く感じたのか、母はウロウロ室内を歩き回っては扉を開けたり、キッチンに立ったりして気を静めているようだった。

ベランダに出た父は、「火事になったらどうするんだろう。こんな高いところ」と、それればかりを気にしている。

内覧会では、変更工事で追加したカップボードなどに不備がないか確認した。また、一括して提携会社で選んだエアコン、カーテンは、既に取り付けられていた。

夏休みに両親を連れて港近くのショールームにカーテンを選びに行ったことを思い出した。暑さに弱い母のため、柄より色より、完全遮光で遮熱率の高いカーテンとレースを求めた。デザインより性能にこだわって、夏の日差しに室温上昇を防いでくれるハイテクファブリックを選んだのだ。

母は各部屋に付けられた薄緑色のカーテンを見て、パッと決めたけど、爽やかできれいな色だと喜んだ。

いずれ他の誰かが使うことになるであろうこの部屋は、次のことも考え、床、壁など家中の全てに汚れが付きにくく、落ちやすいよう、しっかりコーティング加工をしてもらった。そのせいか、壁も床もつやつやに輝き、食べ物をこぼしたくらいではびくともしない受け皿が出来ていた。

大変だったこと、煩わしかったこともあったがここまできた。

窓から外の景色をのぞくと、古い瓦屋根の木造家屋が連なり、趣ある町を作っている。商店街から一歩中に入れば、タイムスリップしたような町並みが始まる。散歩好きな二人はたくさんの発見をすることだろう。

通りが交差するところには休み石があり、歩き疲れたら腰も下ろせる。あの辺りは急な坂道や石段がうねり、キリシタンの史跡や立派な寺もあると聞いた。開港当時の中心地としての佇まいも残り、どこか物悲しくもある。

自然豊かな郊外から歴史を刻む古い町に居を移す両親が羨ましくもあった。

風が吹き、床に塗ったワックスの匂いが抜けていく。

「ここに引っ越すのか」

と今さらのごとく父が聞く。

「そうよ、あなたと私はここで、ずっと一緒に暮らすの」と母が言った。

父はいつものごとく、まあ好きにして下さい。私はもうすぐお迎えがくるんだからと、陽のあたるベランダに「よいしょっ」としゃがみ込んだ。もうどうにでもなれという心境なのか。

すかさず、持ってきた水筒のお茶と、商店街で買ってきた大福をカバンから出して勧めた。

「お父さんの大好きな和菓子屋さんも近所にあって良かったね」と調子を取りながら。

そんな娘ゴコロなど意に介さず、「こりゃ、うまい」とごきげんになり大福をほおばる父を見て、母もまた、良かったわねと、それは嬉しそうな笑顔を見せた。

引っ越し設計図を作る

秋も深まる頃、再び長崎へ飛んだ。夏以降、月1ペースとなったが、今回は大本命の帰省。マンション建設の情報を知って1年以上の歳月が流れたが、いよいよマンションの引き渡しと引っ越しだ。

引き渡し事務は時間を短縮するためマンションの室内で行われた。残金を全て振り込んだ私たちは、手続きを終わらせると、Mさんにハンズフリーの鍵を手渡された。カバンに入れておくだけでオートロックが解除でき、自宅玄関もボタン一つで開閉できるという。Mさんによれば、このハンズフリーキーは今や珍しくないらしい。だが、「最新」とか「デジタル」に、からきしな私にとって、それは初めて見るもの。何度か説明を聞き、解錠してみたがなかなか慣れず、玄関の「開き」と「閉め」があべこべになる。

私ですらこうなのに、親は使えるのだろうか。

次はキッチン横の室内モニターの前で、オートロック解錠ボタンの操作をMさんと母が練習する。その姿は人生に挑む果敢な女戦士さながらだ。

母はしばらくすると「分かった。もう大丈夫」と言った。それが本当ならすごい順応性だが危なっかしい。①②③と押す順番をシールに書いて貼った。

ともあれ引っ越しまであと数日だ。これから毎日のように訪ねることになるマンションに、とりあえずトイレットペーパー、手洗いソープ、ゴミ袋、ティッシュを置く。申し込んだ時には完成ははるか遠くに思えた、その長さと親の老いを気持ちの中で競い合わせていた。ここにくるまで本当に長かった。出来上がってくれてありがとうと、テカテカの床をなでた。

肝心の引っ越しは、できるだけ短時間でスムーズに終わらせたいと、今回は梱包、荷ほどき、片付けまで丸ごとパックでお願いした。女性スタッフさん数名が2日間にわたって我が家にやって来られ、梱包し、現地でそれを片付けていく。

「何も心配せんでよか。2日間あれば梱包できますからね」

心配性の私を案じてか、引っ越しを依頼してからも引っ越し業者の社長さんは、帰省すると時々様子を見に立ち寄ってくれた。

「うちの女衆は慣れてますから手早いですよ、すごいもんです」と、呪文のようにすり込まれると心配が抜ける。

食事をするテーブル周りと寝室以外はゴミ屋敷さながらで、もはや絶景御殿は住まいの原形をとどめていない。母は父がデイサービスに出かけると、積み残しがないか、家中をウロウロしたり、宅配業者などへ移転先を連絡したりしているが、疲れのせいか動作も鈍っている。

この段階で私のすべきことはただ一つ。梱包隊が来る前に一目で分かる指示書を作ることだ。マンションの設計図に番号をふり、それに呼応させ、1階、2階のふとん、本棚など持ち出すもの全てに番号を貼りつけていく。布類に付けても剝がれない、粘着力ある付せん紙を大量に購入した。

本当にここに収まるのか現地を確認し、母の意見を聞きながら番号付き図面を完成させると、今度はそれを見ながら図面と同じ番号をマンションの棚やクローゼットに貼っていく。

細々したものがあまりに多く、口頭で伝えることは不可能だ。「搬出」と「しまう場所」を同じ番号で示しておけば間違いも起きない。百貨店の英国フェアの開設準備がまさにこれ。複数の人に手伝ってもらい、短時間で正確な場所に物を収めるテクニックである。作った図面はコピーを取って、段ボールを届けに来たスタッフさんに渡した。

引っ越し業者の社長の言葉通り、やって来た梱包隊の女性は私の作った図面を見ながらもくもくと手を動かした。そして2日目には、番号のついたたくさんの段ボールが整然と家の一角に積み上がった。

母には一泊旅行分の薬、着替えなどカバンに入れてもらった。「無くなったら困るものはここに入れるよ」と、重要書類と書いた百均の大型ビニールバッグには、両親の薬を丸ごと全て入れ、通帳、印鑑、パスポートなど貴重品も一緒に詰めて私が預かった。

やることがあまりに多く終わりは見えない。母はデイサービスから帰ってくる父を迎えると、その世話に没頭し一緒にテレビを観たりと、この騒動から逃れているようだった。

食事は引っ越しまで、ほとんどお弁当をとった。ケアマネさんが見つけてきたお弁当屋さんは、安い上に野菜や豆腐や海藻類がたっぷりの手作り弁当だ。出来立てほかほかを届けてくれるので、続けて食べても飽きない上、買い物も後片付けも割愛されるのでとても助かった。この弁当とも今日でお別れだ。

ともかく、何もかもが非日常に突入している。我が家の家族史にとっては歴史的な瞬間が近づき、友人の差し入れなど受けながら、引っ越しの瞬間を待つのだった。

12　2LDKの新しい家

引っ越し

2022年11月　長崎

ついに引っ越しの日が来た。

いつもの如く、デイサービスに行く父を見送る。この家の玄関から父が出かけるのはこれが最後で、夕方戻ってくるのは町のマンションである。一体どんな気持ちなのか。

「行ってくるよ」と迎えの車に乗り込む父は、私の顔をじっと見て、「まさか、今日東京に帰らないよね」と確認する。

「まだ当分居るよ」と言うと、何度も「居て頂戴よ」と言って去っていった。

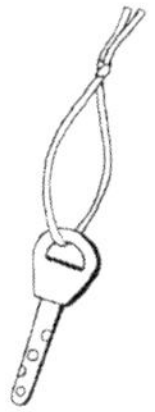

入れ違いにやってきた引っ越し業者の若旦那はじめ若い衆の「おはようございますっ」という威勢の良い挨拶で、寂寥の思いは吹っ飛んだ。さっそく彼らは前日からクレーンで吊り上げ、移動しておいた1階のピアノ、そして家具や段ボールを次々とトラックの荷台に運び込んだ。

それは、あっという間という表現がぴったりな速さだった。母の姿が見えないと探し回ると、洗面所で父のブラシを探している。

「忘れ物はまたあとにしよう。引っ越しても取りに来ればいいから」と、母を車に乗せ、引っ越し屋さんのトラックを追うように家を後にした。

いよいよ引っ越すのだ。

県道を走っていると、青い海と両親がえっちらおっちら階段を下り、買い物に出かけた港のそばのスーパーが見えた。通い詰めたかかりつけ医院も過ぎ去っていく。

母は何も考えないよう真っ直ぐ前を向いているようだった。惜別の思いというには余りにせわしない朝。そうだ、ついにこの日が来たのだ。

マンションに到着すると、すでにあちこちが養生テープで覆われていた。「私たち以外にも今日引っ越す人たちがいるのね」と、母の頬が上気している。

引っ越し屋さんのてきぱきした動作は爽快だった。まず、大物のピアノが入り、重量のあるベッドが運び込まれ、あっという間に真新しい壁と床だけの部屋に、我が家の骨格が完成した。男衆に代わって片付け作業担当の女性スタッフさんがやって来て、皆さん、図面を手に、同じ番号の段ボールを次々と開けていく。

心配の種は両親の服の全てが2つしかないクローゼットに収まるかどうかだった。引っ越し準備の最中、母は、「絶対に無理よ。もっと服を処分しないと」とパニックになっていた。ところがよく見ると、服のほとんどは遠い昔に見たような厚ぼったい木製のハンガーにかかっていた。

今どきこんなハンガーを使うなんてと、仰天した私は、長崎中の百均を訪ね回り、2本で110円の平べったいステンレスハンガーをかき集めた。

父のズボンも3段式のズボンハンガーに吊るすなどして、圧縮につぐ圧縮。耐久性があり、厚みがない百均ハンガーによって、クローゼットにぎゅうぎゅうだった服はマジックのようにペタンコになった。

はたして、うまく収まるか、ギリギリセーフとの読み通り、持ってきた服は2つの居室のクローゼットに適度なゆとりできれいに収まり、母はよかったと安堵の表情を浮かべた。

服の次に頭を悩ませていたのが、場所を取る冬用掛け布団の行き先だった。

この問題は母がいち早く解決した。

「冬の布団は圧縮袋でせんべいにして、私たちのベッドの下に収納すればいい」と言う。たしかにコンパクトなマンションにとって、ベッド下のデッドスペースは、大物をしまう最後の砦である。

子どもたちが帰ってきた時、スペアルームで寝泊まりできるよう、一組の客用布団も運び込んだ。毛布やシーツは畳んで、堅いマットレスまで廊下の物入れに立てて収納することで、寝具はきれいに収まった。

最も複雑な食器棚の整理は、食器を置くガラス棚などすべての引き出しに番号を貼り、使用頻度の高い普段使いの食器をすべて母の手の届く中段、下段に収めた。

母は狭い食器棚の底に、梱包資材の発泡ポリエチレンシートを貼って、「これで傷つかずに食器が収納できるでしょ」と自慢した。さらに百均で買ってきたブックスタンドに大きな皿を立て入れて、大中小の食器を重ね置いた。

踏み台に乗らなければ届かない頭から上の高所棚は絶対に使わないようにと、ひとまず寝間着や化粧品など、私の私物を入れた。これで無理矢理何かを入れようとすることもない。転倒やケガにつながる高所の収納は全て潰した。

変更工事でトイレの壁収納やクローゼットのハンガーレールは、母の身長に合わせすべて低めに固定してもらった。これで、多少の圧迫感はあるものの、どの棚も出し入れが楽にできる。

背伸びせずにトイレットペーパーや洗剤を整理する母を見て、見た目より使いやすさだとつくづく思った。

玄関横のシューズボックスの一角には、私の提案でハンガーレールを通した。頻繁に脱ぎ着する二人の外套類をかけるためだ。絶景御殿にも玄関にコートクローゼットはあった。

英国の家では、玄関横や勝手口に必ずコート掛けがある。上等なオーバーコートならクローゼットだろうが、ダウンやレインコートは帰宅して玄関でパッと脱いで収納する。コロナ禍となって室内にウイルスを持ち込まないという観点からも合理的だ。

わずか50㎝ほどのハンガーレールのおかげで、玄関で外套を脱ぎ着できる習慣も継続できる。

次々に問題が出たのが家電だった。

「まだ使えるから大丈夫」という母の主張で、これまで使っていた冷蔵庫など、年季の入った家電を運び込んだ。だが、洗濯機を取り付けてもらい動かしてみると、ホースから水がポタポタと漏れている。

「この部分のパッキンを取り替えればいいんですが」と、引っ越し業者の若旦那はほうぼうの修理業者に電話しているが、これまでの戸建てと違い、マンションの漏水は階下を巻き込むトラブルになりかねない。

長年使った洗濯機だ。修理で完全に動く保証もない。

母は何とかなると言うが、「修理はひとまず待ってください」と、すぐに商店街の電気屋さんに駆け込んだ。母の使っている洗濯機の品番を告げると、その上の少々お高いクラスなら即納できると言う。

私もずっといるわけではない。引っ越し後、落ち着かない毎日の中で、母が修理に出すことも考えづらく、この瞬間にすべてを解決することが順当と思えた。えいやっと古い洗濯機の引き取りもお願いし、お金を払い夕方届けてもらうことにした。

いつから使っていたか不明の壁掛け式、ソーラー時計も止まっていた。

洗濯機の件があったので、「買い換えよう」という提案に母もわかったと承諾。これまた似たようなデザインがある時計屋さんを探し出し、引っ越し作業のさ中、友人に買いに走ってもらった。

捨てるにしのびないと引きずってきた家電や道具の刷新も、引っ越しと同時進行で行った。気になっていた案件が片づくたび、こちらは胸のすく思いだった。

使い慣れた家具をこれまで通りに配置するメリット

インテリアで大切にしたのは、父が馴染んだこれまでの家の雰囲気を変えないということだった。母が巨大なテレビ台を持っていくとこだわったのも、父が最も見慣れたものだったからだ。母の気持ちは私もよく理解できた。

高齢者の環境変化による不安やストレスは、不眠など心身の不調を引き起こす。認知症なら「周辺症状」と呼ばれるうつ、無気力や徘徊につながる可能性もあるらしい。それだけは避けたい。

そこでたとえ引っ越しても、いくつか馴染み深い家具を使って、それを同じフォーメーションで並べようと提案した。こうすれば、いつも見ていた風景が出来上がり、テレビ台が変わってもほとんど変化を感じないはずだ。

イギリスではテレビを中心に居間の家具を配していくが、両親もテレビの前に小机とシングルソファを2つ並べていた。そこでテレビを頂点としたこの三角ゾーンをそのままマンションにスライドすることにした。

　これまでの大きなテレビ台は予想通り天井に引っかかって諦めざるを得なかったため、邪魔にならない白木のコーナーテレビ台を購入した。コンパクトな空間ゆえ、コーナーにテレビを置き、扇のように二人のソファを配すると、ホッとする空間が出来上がった。

「へえー、これまでの家みたい。これならお父さんもくつろぐわね」と母。

　寝室もそうだ。2つのシングルベッドの間には、使い慣れたナイトテーブルを置き、これまで通り父が左、母が右に寝る。たとえベッドが変わり、寝室が小さくなっても、寝床の配置や雰囲気を変えないことで環境の変化を感じにくくする。

　夜中に何度もトイレに起きる父の場合、寝ぼけたままでのベッドの乗降は危なっかしい。体に染み付いたいつも通りの動作を無理なく反復するためにも、ちゃんと足が着地できるよう、床に十分スペースをとった。

　コンパクトで真新しい空間は、お馴染みの家具によって新旧いい具合にブレンドされた。使い込んだ既製のチェストに卓上ランプなど間接照明を乗せて陰影を出す。明るすぎる照明は目が疲れる高齢者に、優しいおぼろげな灯りだ。そこに英国の絵や旅先で求めた民芸品などで趣を加えると、これまでの両親の家が完成した。

しかもちょっぴり進化して。

壁の装飾にも腐心した。厳選し、選びぬいた絵は規則的に壁にかけることで、気持ちよく空間を引き締めることができる。そこに子どもや孫たちの写真が加わると、両親がもっと自由自在に日本中を飛び回っていた頃の、遠く懐かしい世界の断片が表れる。

全ての絵は引っ越し業者さんが額縁を吊る壁掛けフックで固定してくれた。壁に刺す針も細いため跡が付きにくいものだ。これも引っ越し代に含まれているとのこと。「娘さんは安心しとってください」との社長の言葉通りであった。

掃除業者さんによると、セロテープやガムテープは跡が取れにくい。マンションでは穴を開けたりテープの類を使わないよう、母に釘をさしていた。

まずはたくさんある絵を床に並べて、大きさや色調の組み合わせを一緒に考え、一斉に壁に固定していった。寝室には子どもや孫たちが全員集合した記念の写真をかけた。

両親の老いに気付いたスコットランド、セント・アンドリュースで求めたオールドコースの立派な絵は、ピアノの上部にかけてもらった。ピアノの旋律とあいまって、過去の記憶が呼び戻されるようだ。

絵の力は偉大だ。絵をかけただけで、よそよそしかった新築マンションの空間が、海を望むかつての家のように目に馴染む。

植物を大切に育てていた母は、アイアン製の壁掛け花瓶に入った観葉植物をいくつも持ってきた。最後まで躊躇した陶器の鉢カバー入り大きなゴムの木も、やはりどうしても連れていきたいと、チェストとキッチンカウンターの間にできたデッドスペースにうまく収めた。

①使い慣れた家具、②グリーン、③絵、④間接照明と最強の4点セットがあれば、居心地良い空間は必ず出来上がる。

住戸に広いバルコニーがついていることは、庭を手放した二人にとっての大きなプラスポイントだった。高齢者は自然や植物とのつながりを求めていると言われるが、植物を育てながら生命に触れる楽しみが継続できることは何よりだ。

母が被爆者の方から頂いた大切な松葉牡丹の鉢植えも2つだけマンションに持ってきた。浦上川でたくさんの被爆者が水を求めて亡くなったことを偲んで、毎年、川の周辺に植えられていたものだ。その活動も今では若者に引き継がれたようだが、母はこれからもずっと松葉牡丹の世話をするという。草花を育てるのに必要な根気と思いやりが欠如している私は心打たれた。

「とってもかわいい花が咲くのよ。持ってこられて嬉しい」と、母はしゃがんで葉をなでる。花やピンクの松葉牡丹に彩られたバルコニーは、庭の代わりにホッと一息つける空間となった。

何より広めのバルコニーは手狭な住空間を補ってくれる。バルコニーの一角に、3種類の蓋付きゴミ箱を用意した。キッチンの生ゴミが溜まったらいったんベランダに出し、プラと普通ゴミを分別する場所も作った。こうすればコンパクトなキッチンは常に清潔が保てる。

また、小柄な母でも無理なく洗濯物が干せるよう、低い位置に移動の楽なアルミの軽量物干し竿を設置。これで手を伸ばさなくても物を置くように洗濯物が干せる。クローゼットのハンガーレール、トイレの収納棚と、引っ越しを機に改めて母にとっての「楽な高さ」を探すことができた。

完成したマンションをベランダから見ると、家こそ違うものの、これまで同様の色合いと陰影がにじんでいる。いや、雑多な不用品が一掃され、お行儀良く生まれ変わったという表現がぴったりだ。

美しく暮らすということには、自分の身の回りの品々に対して、時がきたら少しずつ整理をするけじめも含まれている。それを通過して出来上がった新しい住まいもまた、二人の家そのものだった。

マンションに引っ越して感じたすがすがしさは、片付けだけではなかった。既に書いたように時間をかけて遺言書も完成させ、保険書類もきちんと整理した。何が起きても慌てることはない。この安心感もまた、絶景御殿時代にはなかったものだ。

引っ越しは想像以上にあっけなく昼の早いうちに終了した。その後、ケーブルテレビの人がテレビのセッティングに来られるなど、人の出入りは続き、気づいたら陽は傾いていた。

夕方、デイサービスの職員さんと共に、初めてマンションに帰宅した父は、部屋を見るなり「ホテルかと思った」と、テレビの前のソファにドンッと座った。そうして、「ここが新しい家かあ。まぁ僕は家内が行くといえば、ハイッとついていくだけですから」と、隣で相槌を打つ客人に向かって、嬉しそうにしゃべり始めた。そうして時々お茶をすすっては、キッチンで夕食の支度をする母を見て、引っ越しの興奮をおさめるのだった。

引っ越し後の安全確認と不用品の処分

引っ越ししたその日から、マンションの母の勉強部屋（スペアルーム）に寝泊まりして、使い勝手の悪いところ、危険なところがないかを確認した。

引っ越し第1日目の夜は、嬉しさと、どこか他人の家にお邪魔したような緊張感で布団を敷いてもなかなか寝付けなかった。

やっと寝かかったかと思ったら、夜中に何度もトイレに起きる父が寝ぼけて私の部屋のドアを開けた。「トイレは、こっちだよ」と起き上がると「ああ、まだいてくれたのか。本当に世話かけるなあ、ありがとう」と両手で私の手を握った。慣れない家はお互い様だが、父の変わらぬ優しさに救われた思いだった。

東京に戻れば押し流されるように忙しい日常が始まる。こちらにいる限られた時間で、できることはすべて終わらせたい。

これまでの経験上、不動産の修理や調整は住み始めてすぐにやった方がいい。営業のMさんには絶対的な信頼をよせていたが、ここの引き渡しが終了したら次の現場、次のマンションを担当されるだろう。

鉄は熱いうちに打てが鉄則だ。


気になったのが、高層階のせいか玄関ドアを開ける時、強い風が吹き付けてくることだ。そのあおりが強くて、やっとこ体をすべり込ませ中に入ると、ドアがすぐに閉まってしまう。指を挟みはしないだろうか。見ていると、母は両手でドアを開けている。風の抵抗で相当力がいるのだろう。Mさんに連絡して、ドアがさらにゆっくり閉まるよう調整してほしいと頼んだ。

入居して間もないとあって、すぐに工事部の人がやって来て、ドアクローザーの減速装置、ダンバーを調整してくれた。

「これでどうですか」と言われたドアは、まるでスローモーションのようにゆっくり、ゆっくり閉まってくれた。強い風が吹き付けても速度は変わらない。これでひと安心だ。

バルコニーに続くハイサッシの窓の網戸も危険だった。新品で、景色が透けて見えるため網戸があると気が付かず、私ですら激突。思いっきり網戸をバルコニーに倒してしまい、あわや共倒れするところだった。

これを解決したのは母で、キャラクターシールを網戸の目線の位置にペタペタ貼って、ここに網戸があるよと誰にもわかるようにした。


引っ越し2日目になると、ケアマネさんがマンションを訪問。新居に手すりが必要かどうか、靴を脱ぎ履きする父の動作を検証。その後はヘルパーさんもやって来て、引っ越し無事に終わったんですねと、元気いっぱい。母と食器類の並べ直しや、布団を圧縮袋に入れるなど肩のこる作業も、ヘルパーさんがいるとどんどん片付いてゆく。「何か手伝わせて」と手料理持参でやって来てくれた友人の心遣いもありがたかった。この引っ越しに辛抱強く付き合ってくれた方々は、この家を見てどう思われたのだろうか。

ともあれ、両親を支えてくれる人たちが、これまで通り訪ねてくれる。住まいが変わっても、変わらぬパイプができている。何と心強いことだろうか。

すべての来客と用が終わると、母は、待ってましたとばかりに「薬をもらいに病院に行って、買い物もしてくるね」と父を伴い、いそいそと商店街に繰り出していった。

マンションの少し先にスーパーも八百屋もある。リュックを背負い、バスに揺られ買い出しに来ていた特別な町が、今日から地元になるのだ。

二人の行きつけの病院、調剤薬局、銀行、郵便局などが徒歩圏内にある。頭で分かってはいたけれど、こんな環境ならどれだけ歳をとっても自立して暮らせそうだ。


両親が帰ってきてひと息ついたところで、全員で元の家に出向く。ソプラノ社長と待ち合わせて、値段のついた家具を売却するのだ。車にはやっぱり必要なかった寝具や雑貨を積み込んで。元の家の残置物処分の日にまとめて捨ててもらうのだ。

室内は引っ越ししたままの、雑然とした状態だった。家というのは不思議だ。人が住んでいれば住まいとなり、退去すると物件となる。戻りたい場所は人や、ものの移動とともに、たちまち切り替わるのだ。

母はいくつかの鉢植えをさらにマンションに持って行くのだとベランダを物色していた。主なき後も青々とした葉をつけるプランターの草花が、海から吹く風に揺れていた。父は黙って窓の向こうに広がる青い海を眺めていた。なつかしい景色を前に今、何を考えているのだろうか。

そこに待ち合わせしたソプラノ社長が「お待たせしました」とやって来た。あいさつもそこそこに、彼女の秘書さんと、買い取ってもらう家具などを改めて一緒に確認する。以前合意した金額をノートに書いておいたのでスムーズだった。

目利きな彼女は、物置に残された古美術品、壺、本棚や骨董品などを追加で買ってくれた。

「買い取ったものはこのあと搬出します。それ以外の残置物は引っ越し屋の社長が全て廃棄するということになってますから」と説明する。業者間でやり取りして、つつがなく家の片づけを進行してくれている。遠隔で家じまいする身にとって、これ以上のサービスはない。右も左もわからない長崎で、紹介に次ぐ紹介によって繋がったルートに助けられたのだ。母は部屋を見回す父の手を取ると、「外で待ってる」と表に出て行った。父の未練がぶり返したら大変と思ったのだろうか。

室内が空っぽになったら、この大きな家を磨き上げるためハウスクリーニングとリフォーム業者が入る。同時進行で買い主さんご一家も引っ越しの下見に来られるため、玄関にはすでによそよそしいキーボックスがかけられていた。

ここでの暮らしは、確かに過去のものとなったのだ。

まず宅配業者とご近所さんにごあいさつ

引っ越しが終わり、ひとまず東京に戻らねばならない私にとって、マンション生活を80代でスタートさせた両親が、オートロックに馴染めるかは、最後まで心配の種だった。鍵一本で出入りできるような共同住宅なら、こんな心配もせずに済んだ。万が一、両親が住みこなせなかった時のためにと、鍵一本で出入りできる近隣の賃貸アパートまで検索していたほどだ。

アクティブシニアが激増する一方、オートロックや宅配ボックス、インターフォンの解錠操作に対応できない高齢者も相当いるはずだ。スマホですら使いこなせない高齢者のために、もっと分かりやすいサービスはないのだろうか。困り事があれば助けてくれる管理人兼便利屋さんを、マンションに一人常駐させてくれるだけで、家族としてはどれほどありがたいか知れない。デイサービス、コンビニ、カフェ、クリニックが入っている分譲マンションなら尚ありがたい。

機能より人肌みたいな、シニアに必要な付加価値が、高齢化社会の共同住宅にあってほしいと思うのだ。

マンションの宅配ボックス問題も、早急に手を打たなければならない案件の一つだった。宅配ボックスに配送品を入れてしまわれると、システムの分からない両親は気づくこともできず、取り出し操作も大騒動だろう。

万が一、米やビン類など重たいものを入れられたら、自分で住戸まで運ぼうとするだろうし、段ボールを抱えれば転倒しかねない。高齢者にとってケガは命とりだ。

そこでエリア担当の宅配業者、ヤマトさん、佐川さんのドライバーさんに立ち寄ってもらい、高齢の両親が二人で暮らし始めるため、荷物を宅配ボックスではなく、直接玄関まで届けて欲しいとお願いした。

どちらも「なるほど、そういう事情なら対面、手渡しを徹底します」と言ってくださり、安心した。

両親は宅配便をよく使うし、私もよく荷物を送る。絶景御殿では名字を告げるだけで「今日も夕方がいいですか」と、ドライバーさん。こちらの事情をよく知ってくれていたのだ。最近は宅配員を装った犯罪も多い。ドライバーさんと親が顔を合わせておくことは、「いつもの人」と認識するためにも必要だと思った。

また、ご近所のあいさつ回りも早々に済ませた。共同住宅というだけあって、購入する時から上下左右の住戸に暮らす人がどんな人なのか、とても気になり、それとなくMさんに尋ねていた。眺望、音、隣人は不動産を購入する時の重点項目だし、騒音を立てたり、口やかましいクレーマーがご近所さんだったとしても、購入したら最後、引き返せない。

Mさんの話しぶりでは、住人の方々はごく普通のご家族という印象だった。

お菓子やタオルなど、負担にならないものを市内の百貨店で求めて、母と二人、あいさつに回った。

「全員新しく入居するのに、あいさつは必要なのかな」と、どちらかといえば母はあまり気乗りしない様子だった。けれど、高齢者の二人暮らしだからこそ、それを伝えておく必要はあると思われた。

ごあいさつしてみれば、どなたも穏やかな印象。住む町を選ぶ基準が人となりを表すとすれば、昔ながらの商店街を愛する人に悪い人はいない、気がした。

「東京にいらっしゃるのならご両親のことご心配でしょう。何かあったら言ってくださいね」と、温かな言葉も頂いた。その住戸の方とは、お言葉に甘えて連絡先も交換させてもらった。

母は引っ越すなり、「いいこと思いついたのよ」と着物をほどいて縫った絹のポシェットを持ってきて見せてくれた。ゴミ出しなどの際、鍵を忘れて締め出されないよう、朝起きたらすぐに鍵入りのこのポシェットをたすきがけするのだという。軽いから肩もこらないと使い勝手も上々のよう。

それにしても、どんなことにも知恵を絞り、何とか前に進もうとする。唐突だが、こんなところに戦争をくぐり抜けた人のたくましさを感じるのだった。

起きて、かける。この動作さえ忘れなければ締め出されることもないだろう。

ところが入居して1ヶ月経った頃だ。東京の編集部で校正刷りを読んでいると、パニック状態の母から連絡が入った。

「やっちゃった。鍵を持たず閉め出されたの。どうしよう」

厳寒の真冬、つっかけ履きでマンションの外に出たようで困り果てている。こちらも動揺したが、何かあったら言ってくださいと、声をかけてくださった住戸の方を思

丘の上に建つ両親の家からの眺望

買い出しには、長い石段と坂道を往復

どの部屋からも海が見渡せた

家庭菜園の収穫

商店街に近く病院もすべて徒歩圏で母が住みやすそうと感じた

必要に応じて開閉できる引き戸で開放感を

昔ながらの商店も多い

ガスコンロは慣れたＩＨに変更

花を育てゴミを仕分けるのに十分なベランダ

い出し、母にその方の部屋番号を伝え、インターフォンで解錠をお願いしてみてと、電話をつないだまま指示する。

運良く在宅されていたその方の声が聞こえてきた。

「鍵を忘れた？　わぁ、それは大変。今、開けますね。大丈夫ですよ」と、ドアの開く音を聞き、電話の向こうから聞こえてくるいたわりの声に私もホッとした。


物騒な世の中となり、高齢者の二人暮らしを表明するリスクもあるだろうが、これからもたくさんの人に助けられて暮らしていくのだ。

人に迷惑をかけたくないという思いは、母の中に根強く、歳を重ねるほど色濃くなっている。何でも自分でしようとするし、我慢もする。けれど高齢者が自由な暮らしを選択することと、誰かの手を借りることは、どこまでもセットだと思う。

「ありがとう」「助かりました」「あなたがいるから心強いです」

大抵のことは、こんな感謝の言葉でチャラになるはずだ。

引っ越す前は一瞬、親戚や友人に鍵を預かってもらうことも考えたが、いつの間にか廃案になった。頼りたいけれど、どこまで踏み込んでいいのか分からない逡巡は、親子共にこれからもずっと続くのだろうか。

その後調べてみると、警備会社の見守りサービスを付けることで、スペアキーを預かってもらえることも分かった。たとえ固定費を余分に払っても、転ばぬ先の保険のようなものだ。いずれお世話になろうと考えている。

親と苦楽を共にしたことで私も変わった。東京にいてもつい、高齢者に目がいくのだ。鍵を忘れた母が閉め出されてしばらく経った頃、地元の吉祥寺でバスに乗ろうとしたら、バスの乗車口に立ったおばあさんが動かない。どこで降りるか不確かだが、家に帰るのだと運転手さんに言っている。後ろに続く私は「一緒にいきましょう」と声をかけ、隣の席に座った。

おばあさんは何年かぶりに一人でバスに乗って吉祥寺に出てきた。友達と会って楽しい1日だったと饒舌だ。よもやま話から拝察する停留所で一緒に降りてみると「ああ、ここよ。あの建物の向こうが家だった。お世話かけました」と元気に帰っていかれた。

もし、これが自分の親だったらと思うと、この人にも家族がいて、きっと心配しているだろうと素通りできなくなる。

遠い町に暮らしている親は、そんな意味でいつも自分の身近にいるのかもしれない。

食納庫は縦にロープを張り整理を分業

図面に配置場所をこまかく書きこみ、荷物と収納先、両方に同じ番号を貼って

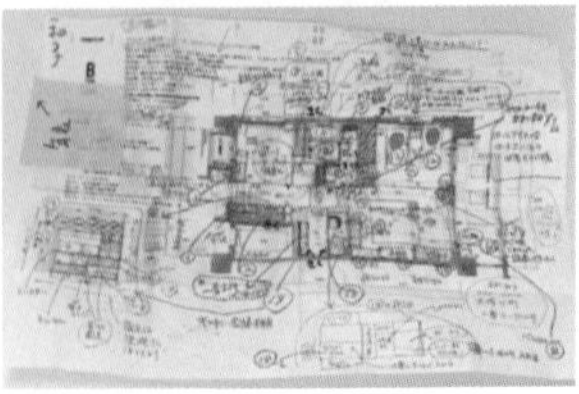

300㎡余の大きな家から60㎡台のマンションへ

磨き上げられた室内。両親愛用のテーブルは、そのまま次の住人へ

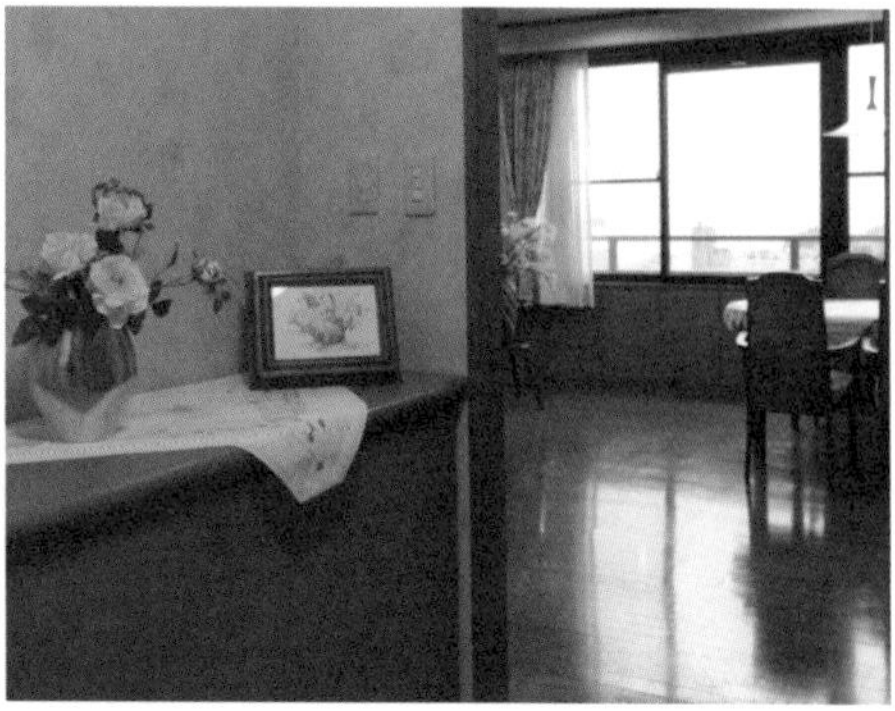

エミリオ・ロバの造花、着物帯のタペストリーも使い継ぐ

家を託す引き渡し

あっという間に12月となり、運営する洋品店吉祥寺よろず屋のクリスマスマーケットの準備や、雑誌の入稿に没頭する。

これまでは、何をしていてもマンションへの引っ越しが頭の大半を占めていた。それも一段落しつつある。年末には最後のお役目、家の引き渡しと決済がある。売却に伴う来年早々の確定申告の準備も手伝わねばならない。

今年の仕事を早めに閉めて、2週間の予定で再び長崎へ向かう。

思えば18歳で上京して以来、こんなに東京と郷里を行き来したことはなかった。大村湾の島に作られた長崎空港の滑走路を上空から眺め、そう思った。

昔は飛行機を降りたら出口には父が必ず待っていた。運転が得意な父は行くよといえば、車を飛ばしてどこにでも駆けつけてくれた。故郷に帰ったという実感は、いつも上機嫌な父の車に乗り込む瞬間にわき起こった。

まずは空港からレンタカーを走らせ、デイサービスに父を迎えに行く。

澄みきった空、コートなしでも歩けそうな冬晴れだ。郊外ならではの広々としたデイサービス施設で父は皆さんとゲームをしていた。父をゲームのリーダーに任命したり、送迎の車でも景色の見やすい助手席に乗せてくれたり、職員さんたちのぶれのない気遣いが何より嬉しい。

引っ越し前後は不安定だった父を、職員さんたちは優しく見守り、支えてくれた。もとの家からも離れていた施設は、町からは車で小一時間と結構な距離だ。父の負担も大きいだろうと、引っ越し前は町のデイサービスへの変更を考えた。だが、県道をドライブしながらの行き帰りには、元の家や海の見える高台を通過する。それが父にとっての楽しみだとわかってからは、多少遠くてもこれまでの施設を継続することにした。

私の迎えに「おう、よく来たね」と喜ぶ父を車に乗せて、絶景御殿に向かう。

最後に見た時、ほうぼうに残置物があり、ゴミ屋敷さながらだった。ハウスクリー

真新しい空間でも、使い慣れた家具を置くと住み慣れたいつもの我が家になる

5畳間はゲストルーム兼
母の書斎

ベランダには松葉
牡丹の鉢植えを

食器、衣類は入るぶんだけ、寝室のベッドの配置も今まで通り

母の身長に合わせクローゼットとトイレの棚は低く設置。姿見も壁に固定してスッキ

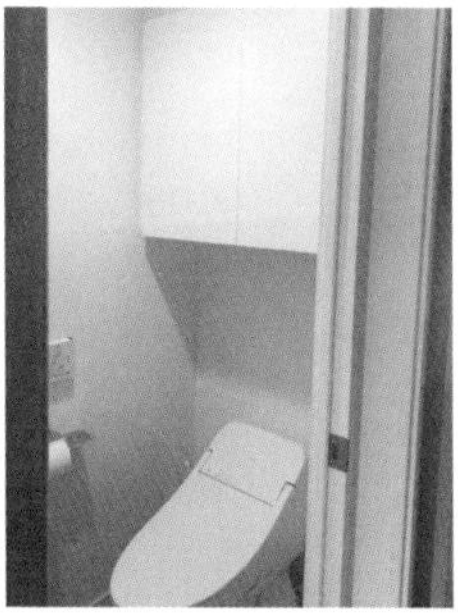

ニングでどこまできれいになったのだろうか。

ソプラノ社長からは「この週末、買い主さんご一家が引っ越し前の最終確認で家を見たいそうです」と連絡があった。

そして「ハウスクリーニングが今一つでしたら、私と社員が改めてワックスがけに伺います。買い主さんに気持ちよく見学してもらえるよう考えますから」とおっしゃった。えっ、社長本人がワックスがけ？　と思ったが、まさかと聞き流しておいた。


これまでを回想しながら元の家に到着すると、待ち合わせした母が家の前で待っていた。「お父さんを迎えに行ってくれてありがとう」と、私の顔を見てホッとしている。新生活の気苦労も続いているのだろうか。

「何だお前来てたのか」と驚く父の手を取ると、「さあ、家はきれいになったかしら」と母は深呼吸して玄関ドアを開けた。そして廊下の先に広がるひときわ明るいリビングダイニングを見て、私たちは一斉に歓声をあげた。

そこには、モデルルームさながらのエレガントなダイニングテーブルがあり、そのそばには花台の上に、レモン色の美しい造花が飾られている。そしてテーブルには着物帯のテーブルランナーがこれまた優雅に配されている。

ソプラノ社長のコーディネートだ。上質なプチホテルのようではないか。

「うわぁ、すごいわ。なんておしゃれなのかしら」父も母もこの演出に釘付けになった。

ところが、よく見るとその楕円形の6人がけテーブルは、ここで両親が使っていたものだった。二人で向き合って海を見ながらご飯を食べたり、子どもや孫が来たときには賑々しく惣菜をつついたり、お茶を飲んだ大切なテーブルは、ソプラノ社長に買い取られた家具の一つだった。着物帯もレモン色のエミリオ・ロバの造花もそうだ。それがなぜここにあるか。

すぐにお礼の電話を入れると、「素敵なお宅でしたから、住んでいた方の功績を何か残したかったんです。ご両親から引き取らせて頂いたものの中に、買い主さんが使えるものがないかと、ずっと考えていたんですよ」と、いつものソプラノボイスがはずんでいた。

「これまで使っていた椅子は背が破れていたので、テーブルに合う中古のダイニングチェアを探したんですよ」ソプラノ社長自らが手を尽くし、見事な食卓を蘇らせて買主さんに繋いでくれた。

この家を手放す両親が一番大切にしたかったことを、ちゃんとわかってくれていた

朝しっかり食べて、お茶と果物はくつろぐたびに

ワンプレートディッシュで洗い物も少なく

母が喜ぶ朝採れ野菜たっぷりの惣菜を月2回作り、冷凍便で

親の老いに気づいた英国の旅、これから

父の80歳祝いに、両親と一緒にイギリス「嵐が丘」の舞台ハワースへ

旅先でもラジオ体操を欠かさない

デイサービスに通う現在の父

のだ。

長年両親とお付き合いのあった掃除業者さんの頑張りには言葉もなく、セロテープや釘の跡もきれいに修復して、床も、壁も、天井も、どこもかしこも、新築のようにピカピカになっていた。両親はこれ以上ないほどに磨き上げられた家中を見て回り、上出来だ。本当に皆さんにお世話になったと、すっかり満足していた。

売らなければよかったと後悔しないか心配だったが、室内でも手を繋いで歩く両親を見て、もはやこの家は次の人に手渡す、最後のチャンスだったのだろうと思った。

決済の日は長崎では珍しい積雪となり、雪の中転んだりしたら危ないと、ソプラノ社長に頼んで商店街の銀行に場を移してもらった。

予想通り父は疲れたとマンションに残りたいと言い、決済は母と二人ででかけた。

父を面接に来られた司法書士さんの立ち会いのもと、父の代理人に任命された母が、署名、捺印を済ませた。

神妙に印鑑を拭く母に、買い主さんの奥様が「引っ越されて寂しくないですか」と言葉をかけてくださった。そして「お母様が『私たちの子どものようなこの家を託します』とおっしゃってくださった、あの言葉が忘れられず、この先、ずっと、大切に住まわせて頂きます」と言われた。

感激のあまり母は、そんな言葉をいただけるなんてと声を震わせ、「買って頂いたのがお二人のような方で、本当に良かったです」と顔をクシャクシャにして笑った。

小さな母が皆に見守られて一番言いたかったことを伝えることができたのだ。最後の締めとして上出来ではないか。

銀行の外に出ると、長崎とは思えない白銀の世界が広がっていた。

お父さんが待ってるから早く帰ろうと急ぐ母は、お昼のうどんが冷蔵庫にあったかしらと何度も聞く。家の売却が無事終わったことより、お昼に父とうどんを食べることが、今は一番大切なのだった。

新しい暮らし

着想からおよそ2年に及んだ家じまいとマンションへの住み替えは、こうして終わった。

マンションに越してからしばらくすると、いよいよ父は一人での外出が難しくなった。トイレは自分でできるものの、入浴はところどころ介助が必要となり、ケアマネさんから届けられたシャワーチェアが浴室に陣取っていた。その後、母が毎日の入浴介助に疲れてしまい、父の入浴をデイサービスに頼むことにした。紙パンツも使い始め、手伝った私は、小さな孫にパンツを穿かせるように「はい！　片足上げて」と、夢中で声を張り上げた。

親はこうして一段ずつ次のステージへ登っていくのか。

20代のはじめ、自分が親になる、子どもを生むとはどんなことか夢想した。50代になった頃から今度は介護をする、親を面倒見るとはどういう世界か考えた。赤ちゃんのおむつに慣れても将来、親のおむつに慣れることができるのか。下世話な話になるけれど、何もかもひっくるめて、いまだにおっかなびっくり親に歩み寄っている。

父への介助作業は増えたけれど、コンパクトな住まいが母の大変さを補った。キッチンで洗い物をしつつ、洗面所で身づくろいする父の様子を見守ることができる。以前の家であれば浴室は階下にあり、タオル、湯加減と、父の入浴のたび階段の上り下りでヘトヘトになった。今は数歩踏み出せば浴室ドアである。


さらに想定外の良いことがあった。夏の暑さのことだ。引越し後、猛暑の夏を迎え、日本中で熱中症予防が叫ばれた。

電気代をケチって、エアコンを止めているのではと心配して電話をすると「それがここ、びっくりするほど涼しいの」と言うではないか。

冬は日が差し込むが、夏はお日様がマンションの真上にくるから直射日光が入らない。ずっと東向きの家に住んでいたので、南に面した家に住み、感激もひとしおらしい。

歳を取ったら湘南、房総、沖縄など気候のいいところに移り住みたいとよく聞くが、南向きの部屋を選択することは、それに匹敵する住まいの改善策かもしれない。

おまけに南北の窓を開けているだけで、山から吹いてくる気持ちのいい風が部屋を通り抜けるという。

「窓を閉めていても、冷房の温度は29度で快適なの」

町の中に建ってるから、さぞ暑いだろうと覚悟してきたのに、ここにいると暑さや寒さを全く感じないのだという。高気密高断熱のありがたさがことさら骨身にしみる年齢なのか。両親は、生まれて初めて住むマンションの性能の良さに驚いていた。

猛暑の夏、訪ねてみたが、設定温度29度の冷房の話は嘘ではなく、リビングに座っていると、風がそよぎ、まるで冷風扇風機にあたっているような涼しさだった。朝は、開け放した東側の窓から寝室に向けて太陽が差し込み、布団に陽が届くから、ベランダまで干しに行く手間も省けるという。

「住み慣れたわが家」の多くは、年月を経た中古住宅に違いない。住宅建設費も、リフォーム費用も高騰している一方、地球温暖化によって、夏の暑さや大雨など災害への対応も迫られる。性能の高い住宅に暮らすことは、齢を重ね、たどり着く住まいの選択肢の一つになるだろう。

建物のことだけではない。町に越してみれば、頭ではわかっていたものの、病院、教会、集会所、市役所などどこにでも歩いて行ける。結果的には郊外にいた頃より、さらに毎日歩くようになったそうで、それが健康への自信につながっているようだ。

「この歳になっても不自由なくお父さんと歩けるなんて、ありがたい。これも朝晩のストレッチ体操と、この町に越したおかげだわ」と母は得意気だ。

とはいえ真夏は暑さを避けて路面電車に乗る。時刻表など関係なく、次々に電車が来るから時間に縛られず移動できる。それでも大変ならタクシーを使うと聞き、びっくりした。あんなにタクシー代がもったいないと出し渋っていたのに。すると母は、

「どこに行くにも数百円だから罪悪感なく乗れるのよ」という。

なるほど、何もかもが密集する町は、歩ける上タクシー代も安上がりなのだ。広々とした郊外の家は自然を満喫できても、行動範囲が制限されていたのだと改めて感じた。

1人で出かけられない父の外出欲を満たしてあげたい母としては、路面電車、タクシーとこれまで以上に移動手段が増えてホッとしているのだろう。

父のデイサービスが休みの日には、朝から散歩に出かけ、お気に入りのカフェで昼

を食べる。何も話さなくても、美味しいねと同じ時間を過ごすだけで十分という。

母の大好きな画家、堀文子さんの言葉を引用すれば、「善し悪しの教えを先ず疑い、自分でやってみて決める」ということか。同じ事の繰り返しでなく、違う手段を始める価値を堀さんは遺した。

自分のために自分のペースで住める町へ。90代手前で引っ越すことも、違う手段と言えようか。

「できるところまで二人で頑張って、お父さんと暮らしていきたいの」

2年に及ぶ騒動の末の母の言葉に、私の中の張り詰めていたものが和らいでいった。

最後は住みたい町に暮らす

実家じまいや親の行く末を思う時、誰しも、いつ、どんな風に親と関わればいいか。万が一、自分が当事者になったらやりきれるのかと、不安になるものだ。

本書で書いた通り、私も周囲から漏れ聞こえる「介護」「老人ホーム」「実家問題」「相続」を耳にするたび、遠く長崎に暮らす両親を思い、その都度後ずさりする自分を不甲斐ないと思ったものだ。

だが、ひと通りやってみると、家じまいも含めた実家ごとは、逡巡を突き破るタイミングが必ずあると分かった。

私の場合は両親との海外旅行、そして母のマンションに住みたい夢を聞いたことがそれであったと思う。見逃せないサインが出て手を貸すうちに、困窮する親の暮らしが見え始め、結果的に家じまいにつながった。

そして今思うことは、住まいも生活もシフトチェンジするなら、親子ともに少しでも早い方がいいということ。

家じまいは、人生の総決算だ。家具や食器など、ものの整理と選別は行き詰まっても、最後は捨てれば何とかなる。けれど通帳、契約書、保険証などお金周りのものは、その中身を確認したり、解約のち返戻金を受け取る手続きもある。そうなると、親のサインや捺印は必須。親が高齢になると、記憶も曖昧になり、適合する印鑑がないなど、ヤブをかき分ける作業が伴い、下手すれば時間切れとなる。

親も子も元気なうちに家じまいをするメリットは、互いの記憶が明晰なうちに不動産や保険など資産まわりに着手できることだ。作業の効率もさることながら、互いの意志を確認しながら人生の引き継ぎが完了できる。

残る人生をどう生きたいのか、そのため、お金や不動産はどうするのか。作業をする中で初めて親の本音がわかるかもしれない。親という近くて遠かった存在に踏み込んで、大げさに言えば自分のルーツの深いところに到達できるのだ。

私の場合は本書に書いた通り、聞きづらかった両親のお金のことが、作業と共に明らかになっていった。そこにつながる子どもたちへの思いも。それは知ったからといってどうということもないが、知らないまま別れていくよりは相互の理解も深まり、自分の足元が固まる気がした。

両親ともにギリギリのスタートだったが、何とか無事に終えられた。始動があと1年ずれていたらどうなっていたか分からないと今でも思う。

家と土地にまつわる書類探しにはとりわけ難儀した。

わが家の歴史、両親の生い立ちをとどめるものを少しでも手元に残したい。確定申告の準備と言いつつ、私自身のルーツへの深い執念が段ボールの山を前に吹き出した。

仕分け作業をしながら、期せずして父の琴線に触れたと思われる子どもたちや友人からの手紙、写真、大切な思い出を綴った雑記帳も発見した。

また、私が新聞に連載したコラムを全て貼り付けたファイルや、いくつかの読書感想文もあった。ロンドンに念願の家を買った本については、「中古住宅の価値が分かる」などと、編集者のように帯のコピー案がいくつも記されてあった。

この書斎で一人の時間に、娘の仕事に向き合ってくれていたと知ると、思わず落涙した。
それを再確認できた貴重なファイルやノートは、父に断り、すべて段ボールに収めて東京の自宅へと送った。

会社役員として、ロータリアンとして話す機会も多かった30年以上前の父の原稿も出てきた。家庭人でもあった父のまなざしは、常に母に向かっていた。
引っ越しに関しては口数も少ない父だったが、マンションへの住替えを推し進めたのは、父が求めてきた人生を最後まで守りたかったのだろう。その一部の引用をお許し頂きたい。

「高齢化時代をむかえて私の生き方」

50代に入ったばかりの我々夫婦は、子どもたちがそれぞれ独立して長崎を離れた為、早々と二人っきりの生活に変わってしまいました。
はじめの頃「子供さんを手離して寂しかでしょう」と言われる度に、気楽に二人だけになった生活を楽しもうと思っていた私は、水を差されたようで、いい気がしなかったものです。

独立していった子供には子供なりの人生があるのだとあまり気を回さず、これからは我々二人の人生を考えようと割り切っていたからです。

日本人の老後というと、子供や孫に囲まれた姿が幸せとイメージ化されているようですが、実際こんな家庭は少ないのではないでしょうか。子供や孫が一つ屋根の下にいない老後。我々夫婦は、それでも又違った楽しい老後を暮らしたいと思っています。

うちの家内は家内という字とはうらはらに、しょっちゅう外に出かけていきます。かく云う私も、遊びに出かける事は人後に落ちないと自負していますが、用意してある食事を温めるなどして食べるのが、苦痛にならないようになりました。

そんな家内が50歳の誕生日に、突然心境の変化とやらで「自動車の免許を取りたい」と申し出てきました。運動神経は人一倍悪いのにと、「免許をとる位ならタクシーを使ってくれ」と言いたかったのですが、やめました。

動き回る家内が一大決心の上、申し出たのだと目を見てピンと感じたので、自動車学校行きを承諾。近日中に免許をもらって帰るはずです。そうなると、また一段と家内が出掛ける事も多くなるでしょう。

その反面、私たちはまた一層仲良くなると信じています。

たった一回限りの神様から与えられた人生、これからも心おどるような事が待つ人生を、夫婦で作り出して行きたいのです。（記）

長い結婚生活、いろんなことがあったが、二人でいつまでも手を取り合って暮らしたいという思いが父の中にもあり続けたのだ。

マンションを訪れる人は「よく決断しましたね」と驚き、中にはうらやむ人もいると聞いた。だが「二人でずっと一緒に生きる」という決意をもってすれば、この住み替えは必然だったのだろう。妹たちもマンションを訪れ、暮らしやすそうで良かったと、家じまいの労をねぎらってくれた。


出かけることが大好きな父は、今も母と二人、手をつなぎ、長崎の史跡残る町並みを歩き、路面電車に乗って映画や芝居を観に行く。不安より、やりたいことを叶えるために最後まで二人で支え合える町を、住まいを、選び取り生きてゆく。

そんな両親の今後を考えると、彼らがいなくなった故郷はどんなに淋しいだろうかと思う。人生の最終章の舞台づくりを手伝った者としては、セミのぬけがらのようなマンションを片付ける日のことは、頭からすっぽり投げ捨ててしまいたいと思うのである。

集英社学芸編集部山本智恵子編集長の言葉から、私にとって、とても大切な一冊が生まれました。何より読んでくださった皆様に心より御礼申し上げます。

ありがとうございました。

2024年　早春

井形慶子

井形慶子（いがた・けいこ）

1959年長崎県生まれ。作家。
28歳で出版社を立ち上げ、英国情報誌「英国生活ミスター・パートナー」を発刊。100回を超える渡英後、ロンドンにも住まいを持つ。『古くて豊かなイギリスの家 便利で貧しい日本の家』『ロンドン生活はじめ！50歳からの家づくりと仕事』『イギリス流 輝く年の重ね方』『いつか一人になるための家の持ち方 住まい方』『年34日だけの洋品店　大好きな町で私らしく働く』など著書多数。

ブログ「よろずや Everyman Everyman から」
http://keikoigata12.blog.fc2.com/

監修　山内 晃（税理士）
イラスト　水上多摩江
ブックデザイン　玉井いずみ

最後《さいご》は住《す》みたい町《まち》に暮《く》らす
80代《だい》両親《りょうしん》の家《いえ》じまいと人生《じんせい》整理《せいり》

2024年2月29日　第1刷発行
2024年9月7日　第2刷発行

著　者　井形慶子《いがたけいこ》
発行者　樋口尚也
発行所　株式会社　集英社
〒101-8050　東京都千代田区一ツ橋 2-5-10
電話　編集部　03-3230-6141
読者係　03-3230-6080
販売部　03-3230-6393（書店専用）
印刷所　TOPPAN株式会社
製本所　加藤製本株式会社

集英社学芸編集部公式ウェブサイト
http://gakugei.shueisha.co.jp
集英社学芸編集部公式 Facebook ページ
https://www.facebook.com/shueisha.gakugei

ISBN978-4-08-781749-2　C0095